प्रारम्भिक शिक्षा

व्यक्तित्व विकास के विविध चरण

प्रारम्भिक शिक्षा

व्यक्तित्व विकास के विविध चरण

आशुतोष दुबे

लोकभारती प्रकाशन

लोकभारती प्रकाशन
पहली मंजिल, दरबारी बिल्डिंग, महात्मा गांधी मार्ग
प्रयागराज-211 001

वेबसाइट : www.lokbhartiprakashan.com
ईमेल : info@lokbhartiprakashan.com

शाखाएँ : 1-बी, नेताजी सुभाष मार्ग, दरियागंज
नई दिल्ली-110 002
अशोक राजपथ, साइंस कॉलेज के सामने
पटना-800 006
1, अनमोल सोराबजी संतुक लेन, धोबी तलाव, मरीन
लाइंस, मुम्बई-400 002

पहला संस्करण : 2021
This book is printed on **Print on Demand**
Technology : 2025

PRARAMBHIK SHIKSHA
Vyaktitva vikas ke vividh charan
by Ashutosh Dubey

ISBN : 978-93-92186-27-1

मूल्य : ₹495

भूमिका

स्वास्थ्य और शिक्षा को जीवन के लिए निर्विवाद रूप से अत्यावश्यक माना गया है। कोई भी व्यक्ति जन्म के समय सांसारिकता के भावों से रहित जैव-पिंड मात्र रहता है; लेकिन उसमें संवेदना विद्यमान होती है। वह नितान्त ऊर्जावान तथा अनन्त सम्भावनाओं से समन्वित प्राणवान शरीरी होता है। वह समाज का घटक होता है। किसी भी समाज के लिए अनिवार्य होता है कि व्यक्तियों का समूह हो तथा उन सभी में पारस्परिक अन्त:क्रिया होती हो। उनके जीवनयापन करने तथा पारस्परिक व्यवहार करने के लिए सामाजिक नियम निर्धारित हों। यत: बच्चा किसी भी समाज का भावी कर्णधार माना जाता है; इसलिए उसे जीवनकौशल तथा व्यावहारिक नियमों का ज्ञान कराया जाता है। यही ज्ञान कराना शिक्षण कहलाता है। बच्चे को शिक्षित करना अत्यन्त महत्त्वपूर्ण कार्य है। यही कारण है कि 14 वर्ष तक के बच्चों को नि:शुल्क और अनिवार्य शिक्षा देने के लिए नियम बनाया गया है। भारतीय संविधान के अनुच्छेद 21-A द्वारा 6-14 वर्ष के सभी बच्चों को नि:शुल्क एवं अनिवार्य शिक्षा दिए जाने की व्यवस्था करते हुए इसे उनका मूलाधिकार घोषित किया गया है।

अब प्रश्न उठता है कि इन बच्चों को क्या शिक्षा दी जाए तथा कैसे शिक्षा दी जाए जिससे वे अक्लान्त भाव से शिक्षा को ग्रहण कर सकें। वे शिक्षक की बातों को सरलतया समझ सकें। इस हेतु बच्चे की आयु, वयोजन्य मनोवैज्ञानिक विशेषता तथा सामाजिक आवश्यकता को दृष्टि में रखकर पाठ्यक्रम का निर्धारण करना समीचीन माना गया है। बच्चा पहले माता के साथ सहजीवी के रूप में रहता है, तदनन्तर क्रमश: अन्य व्यक्तियों और प्रतिवेश के सम्पर्क में आता है। अत: पाठ्यक्रम-निर्धारण करते समय इस बिन्दु पर ध्यान दिया जाना अपेक्षित होता है। बच्चा जब विद्यालय में आता है तो पूर्वप्राथमिक स्तर पर उसकी उम्र तीन से छह वर्ष की होती है। मनोवैज्ञानिक दृष्टि से यह 'इडिपस कॉम्प्लेक्स' और 'इलेक्ट्रा कॉम्प्लेक्स' की प्रवृत्तियों वाली अवस्था है। इसी प्रकार प्राथमिक कक्षा के छात्रों

की आयु 6-14 वर्ष की होती है जो 'गुप्तकामावस्था' का कालखंड है। शिक्षक को इसका जितना ही अच्छा ज्ञान होगा वह उतनी ही सरलता से बच्चों के साथ आत्मीय सम्बन्ध स्थापित कर बच्चों में विद्यालय के प्रति ललक को समुद्भूत कर सकेगा। यही कारण है कि प्रस्तुत पुस्तक में 'प्रारम्भिक शिक्षा तथा व्यक्तित्व-विकास के विविध चरण' शीर्षक से व्यक्तित्व विकास की विविध अवस्थाओं की विशेषताओं को अभिवर्णित किया गया है।

ज्ञातव्य है कि बच्चे पार्श्ववर्ती व्यक्तियों तथा वस्तुओं के विषय में जिज्ञासु होते हैं; इसलिए जब उन्हें उनके विषय में बताया जाता है तो वे स्वाभाविक रुचि प्रदर्शित करते हैं। इस अभिरुचि को भी केन्द्रीकृत करके विषयवस्तु का निर्धारण किया जाता है। इस सम्बन्ध में भी एक लेख को पुस्तक में समाहित किया गया है। सम्प्रति विद्वत्समुदाय में बच्चों की परीक्षा सम्पन्न कराने तथा न कराने सम्बन्धी विचारधाराएँ भी चिन्तन का विषय बनी हुई हैं। कतिपय विचारकों का मानना है कि यह उचित नहीं है; क्योंकि असफल विद्यार्थी हीनभावना से ग्रस्त होकर विद्यालय को त्याग देते हैं जो सर्वशिक्षा की भावना के सर्वथा विपरीत है। कुछ अन्यजनों का यह दृढ़ अभिमत है कि सतत मूल्यांकन से बच्चों में स्वस्थ प्रतियोगितात्मक भावना का प्रस्फुटन होता है। वे आत्ममूल्यांकन की ओर प्रवृत्त होते हैं। शिक्षक भी बच्चों की दुर्बलताओं का ज्ञान कर उनका समाधान करने में सहजता का अनुभव करते हैं। इस विचारधारा से प्रभावित विचारक, छात्र-छात्राओं के अधिगम मूल्यांकन को अनिवार्य मानते हैं।

बच्चे विविध परिवेश से विद्यालयों में आते हैं। इनमें से कुछ शैक्षिक वातावरण से सर्वथा विरहित अपढ़ समुदाय से सम्बन्धित होते हैं तो अन्य ऐसे भी होते हैं जो घर पर ही अक्षरज्ञान करके आते हैं। वर्णित परिस्थिति में परिवेशजन्य कारणों से शैक्षणिक वंचन के शिकार बालक का प्रत्येक स्थिति में पहले से ही शैक्षिक वातावरण में पालित बच्चे की अपेक्षा कक्षा में दृष्टिगत होनेवाला पिछड़ापन स्वाभाविक है। यद्यपि यह सम्भव है कि वह अन्य बच्चों से अधिक बौद्धिक क्षमता रखता हो। शिक्षकों को इन तथ्यों को भी ध्यान में रखना परमावश्यक है। आधिगमिक दौर्बल्य को मानसिक मन्दता का कारण नहीं माना जा सकता है। ठीक इसी प्रकार से मानसिक मन्दता तथा रुग्णता के शिकार बच्चों को कुछ तथ्यों को रटाकर उनके शैक्षिक प्रदर्शन के आधार पर उनकी मानसिक दुर्बलता को गम्भीरता से नहीं लेना भी दोषपूर्ण कृत्य होगा। इंटरनेट तथा तदाश्रित सुविधाओं ने पौरस्त्य एवं पाश्चात्य विचारधारा को एकत्र उपलब्ध कराकर दूरी को समाप्त कर दिया है। उदाहरणार्थ किसी पश्चिमी देश के महानगर में बैठा व्यक्ति और नितान्त पूर्व में अवस्थित देश के ग्राम्यांचल का व्यक्ति, दोनों अपने विचारों का आदान-प्रदान एक-दूसरे के चेहरे तथा हाव-भाव को देखते हुए कर सकते हैं। इस प्रकार वे प्रत्यक्षवार्तावत् लाभान्वित

हो सकते हैं। इस दृष्टि से भी शिक्षकों का सेवा-पूर्व तथा सेवारत प्रशिक्षण कराया जाना निस्सन्देह महत्त्वपूर्ण सिद्ध होता है। इन प्रशिक्षण कार्यक्रमों से शिक्षकों का क्षमता-वर्धन होता है। उनमें क्रियात्मक शोध का कौशल विकसित करने के लिए भी बोधात्मक कार्यशालाएँ आवश्यक होती हैं।

आदिकाल से अद्यावधि शैक्षिक सिद्धान्तों एवं प्रविधियों का निरन्तर विकास हो रहा है। वर्तमान समय में विद्यालय केवल निर्धारित विषयवस्तु को रटाने या उसका बोध कराने का अभिकरण मात्र नहीं रह गए हैं; बल्कि बच्चों के सर्वांगीण विकास हेतु स्थापित प्रतिबद्ध संस्थान के रूप में कार्य कर रहे हैं। बच्चों को मध्याह्न भोजन उपलब्ध कराने, उन्हें स्वच्छता के प्रति प्रवण करने, सामाजिक नियमों के ज्ञानार्थ उन्मुख करने के गुरुतर दायित्व का भी निवर्हन प्राथमिक विद्यालयों को करना पड़ रहा है। ऐसी स्थिति में विद्यालयीय शिक्षाविषयक अन्तर्वैषयिक तथा परावैषयिक शोधों को प्रोत्साहित किया जाना भी समीचीन प्रतीत हो रहा है। इस तथ्य को भी दृष्टिगत करते हुए पुस्तक में विषयोपस्थापन का प्रयास किया गया है।

इति शम्।

डॉ. आशुतोष दुबे
प्राचार्य
राज्य शिक्षा संस्थान,
उ.प्र., प्रयागराज

प्राक्कथन

बच्चे हमारा वर्तमान हैं और भविष्य भी हैं। इस दृष्टि से शिक्षा भविष्य में सर्वोत्तम निवेश है। यह अनुभव किया गया है कि प्रारम्भिक शिक्षा में निवेश के प्रतिफल शिक्षा के अन्य स्तरों की तुलना में सर्वाधिक हैं। विद्यालय में औपचारिक शिक्षा के आरम्भ से पूर्व बच्चे अपने वातावरण, परिवार, माता-पिता, अभिभावक तथा परिवेश से बहुत कुछ अनुभव प्राप्त कर प्रभाव ग्रहण करते हैं, भाषा सीखते हैं, आचरण और व्यवहार के नियम भी आत्मसात् करते हैं।

बच्चों की प्रारम्भिक रुचि स्वभावत: खेल और गतिविधियों में होती है। यदि पठन की क्रिया खेल तथा अन्य गतिविधियों के साथ सम्पन्न होती है, तो बच्चे अनायास ही पढ़ने की आदत विकसित करने लगते हैं। बच्चों में विद्यमान इस अभिरुचि को उत्पन्न करना तथा उत्सुकता को समुचित समर्थन द्वारा बनाए रखना प्रारम्भिक शिक्षा के लिए अत्यन्त आवश्यक है। यही कारण है कि आयु तथा परिवेश को ध्यान में रखकर पाठ्यक्रम तथा पाठ्य-सामग्री विकसित की जाती है।

डॉ. आशुतोष दुबे की इस पुस्तक 'प्रारम्भिक शिक्षा : ध्यातव्य तथ्य' में व्यक्ति के शारीरिक तथा मानसिक विकास के विविध चरणों का मनोवैज्ञानिक विवरण भिन्न-भिन्न विचारकों के मतों के आलोक में प्रस्तुत किया गया है। आयु विशेष के बच्चों में कौन सी स्वाभाविक विशेषताएँ पाई जाती हैं, इसका उल्लेख करते हुए शिक्षकों के लिए ध्यातव्य तथ्यों का प्रतिपादन पुस्तक में किया गया है। बच्चों में जीवन कौशल को विकसित करने पर अत्यधिक बल दिया जा रहा है। पुस्तक में इस हेतु कतिपय विधियों तथा तकनीकों को सुझाया गया है, जो 'जीवनकौशल के विकास में शिक्षक की भूमिका' नामक पाठ में वर्णित है।

प्रारम्भिक स्तर पर बच्चों की परीक्षा आयोजित किए जाने के पक्ष तथा विपक्ष में अनेक तर्क हैं। इस पुस्तक में परीक्षा सम्बन्धी इन परस्पर विरोधी प्रतीत होनेवाले दोनों ही तर्कों को उद्धृत करते हुए सहजता तथा स्पष्टता के साथ विश्लेषित किया

गया है। शिक्षकों के सेवापूर्व तथा आवश्यकता आधारित प्रशिक्षण को तर्कसंगत ढंग से उचित बताया गया है। प्रशिक्षण पर विशेष बल देते हुए प्रतिपादित तर्क-समन्वित मंतव्य निश्चित रूप से युक्तिसंगत है। पुस्तक में सम्मिलित समसामयिक लेखों से दिए गए निष्कर्षात्मक परामर्श प्राथमिक शिक्षण व्यवस्था की दृष्टि से निश्चित रूप से लाभकारी हैं।

आजकल उच्च शिक्षा में ट्रांसडिसिप्लिनरी शोध-प्रक्रिया पर बल दिया जा रहा है। इस प्रकार के इंटरडिसिप्लिनरी तथा ट्रांसडिसिप्लिनरी शोध-क्रिया की उपादेयता प्राथमिक शिक्षा के सन्दर्भ में भी है। इस तथ्य का प्रतिपादन लेखक द्वारा 'शोध तथा विद्यालयीय शिक्षा' नामक लेख में किया गया है। मेरी दृष्टि में पुस्तक विद्यालयीय शिक्षकों, पाठ्यक्रम निर्माताओं तथा शिक्षाशास्त्र के अध्येताओं के लिए उपयोगी होगी। मैं डॉ. आशुतोष दुबे, प्राचार्य, राज्य शिक्षा संस्थान, उत्तर प्रदेश, प्रयागराज को इसके लिए बधाई देता हूँ।

दिसम्बर 2020

3.12.2020

डॉ. सर्वेन्द्र विक्रम बहादुर सिंह
निदेशक
राज्य शैक्षिक अनुसंधान और
प्रशिक्षण परिषद, उत्तर प्रदेश,
लखनऊ।

क्रम

बच्चे का व्यक्तित्व निर्माण
घरेलू परिवेश तथा प्रारम्भिक विद्यालय

प्रत्येक शरीरधारी का अपना स्वत्व एवं विवेक होता है जिसे 'व्यक्ति' के अभिधान से अभिहित किया जाता है। इसी भाव को व्यक्त करने के लिए 'त्व' प्रत्यय युक्त 'व्यक्तित्व' शब्द का प्रयोग किया जाता है। इस प्रकार यह व्यक्ति के स्वरूप, सामाजिक एवं मानसिक स्थिति, जीवनचर्या, विभिन्न परिस्थितियों में सामंजस्य स्थापित करने की उसकी प्रवृत्ति तथा भावात्मक प्रतिक्रियाओं के संघटन का व्यंजक है। स्पष्ट है कि व्यक्तित्व अपने व्युत्पत्तिलभ्य अर्थ में ही भावों के व्यापक समूह को समाहित किए हुए है। इसमें आनुवंशिक अन्तर्निहित क्षमता तथा बाह्य दैहिक स्वरूप के प्रकटन का सामर्थ्य है तो साथ ही व्यक्ति में विद्यमान सामाजिक मूल्यों के प्रति प्रवणता और सामाजिक अन्तःसम्बन्धों की प्रक्रिया एवं प्रवृत्ति को अभिव्यक्त करने की क्षमता भी विद्यमान है। इस सम्पूर्ण मनोदैहिक गुणों तथा तत्प्रसूत व्यवहारों को प्रकट करनेवाले व्यक्तित्व के निर्माण में एक ओर जहाँ व्यक्ति के नैसर्गिक जैवगुणसूत्रों का परिणाम परिलक्षित होता है, वहीं दूसरी तरफ उसके परितः प्रसरित सामाजिक-सांस्कृतिक पर्यावरण, सामुदायिक प्रथा, परम्परा और लोगों में होनेवाली अन्योन्यक्रियाओं से संवलित शिक्षण का प्रभाव भी दृष्टिगत होता है।

व्यक्तित्व के लिए प्रयुक्त होनेवाला आंग्लभाषा का शब्द पर्सनालिटी (Personality) है, जो लैटिन भाषा के 'परसोना' से बना है। 'परसोना' मुखौटा के अर्थ में प्रयोग किया जाता है। अभिनेता जिस पात्र की भूमिका का निर्वहन करते थे, वे उसी के अनुरूप मुखौटा पहनते थे। इस दृष्टि से विचार करने पर यह अर्थ निस्सरित होता है कि व्यक्ति जिस रूप में दूसरों को उद्दीप्त करता है अर्थात् परिलक्षित होता है, उसी को पर्सनालिटी या व्यक्तित्व कहा जाता है। विचारकों, विशेषकर मनोवैज्ञानिकों की दृष्टि से देखने पर यह अर्थ नितान्त संकुचित प्रतीत होता है। किंचित् सीमा तक यह अर्थ अग्राह्य भी है; क्योंकि परिस्थितिजन्य कारणों

से लोगों को अपनी मूल प्रवृत्ति—आन्तरिक तथा बाह्य—से पूर्णत: भिन्न वृत्ति का अभिनय करना पड़ता है जिसे उसका व्यक्तित्व नहीं कहा जा सकता है। इस दृष्टि से अर्थवान् संस्कृतिनिष्ठ ध्वनिसमुच्चय 'व्यक्ति' से निष्पन्न 'व्यक्तित्व' शब्द 'परसोना' से प्राप्त पर्सनालिटी शब्द की अपेक्षा अधिक ग्राह्य तथा व्यापक सिद्ध होता है।

विचारकों के द्वारा व्याख्यायित अर्थों पर दृष्टिपात करने से यह ध्वनित होता है कि किसी व्यक्ति के व्यक्तित्व का आकलन उसकी अनुक्रियाओं के आकस्मिक प्रेक्षणों के आधार पर कथमपि नहीं करना चाहिए। इसके लिए उसकी स्थायी प्रावृत्तिक अवस्थिति का विश्लेषण अनिवार्य रूप से करना चाहिए। उदाहरण के लिए किसी को हम उच्चकोटि के व्यक्तित्व से युक्त कहते हैं तो यही संकेत देते हैं कि अपने स्थायी व्यवहार में वह बुद्धिमान, संवेदनशील, अध्यवसायी, आत्मज्ञानसम्पन्न, स्थिरचित्त आदि सद्गुणों से सम्पन्न है। साथ ही यह भी स्पष्ट करते हैं कि वह अधीर, संवेदनशून्य, कायर तथा चंचल चित्तवृत्ति का व्यभिचारी व्यक्ति नहीं है। इसी प्रकार स्थायी व्यवहारों के आधार पर एकान्तिक व्यक्तित्व, सामाजिक व्यक्तित्व, अन्तर्मुखी, शान्त अथवा अधीर, कायर अथवा वीरत्व समुपेत व्यक्तित्व वाला व्यक्ति जैसे प्रयोग प्रचलन में पाए जाते हैं।

विद्वद्वरेण्यों जिनमें समाजशास्त्री, मनोवैज्ञानिक तथा अन्य अध्यवसायी चिन्तकों को सम्मिलित किया जा सकता है के विचारों से स्पष्ट होता है कि 'व्यक्तित्व' व्यापक अर्थों में प्रयुक्त होनेवाला शब्द है जो किसी भी व्यक्ति के जीवन के समस्त पक्षों को समाहित किए हुए है। प्रसिद्ध मनोवैज्ञानिक गार्डन विलियम आलपोर्ट (1939) के अनुसार, "व्यक्तित्व, व्यक्ति के मनोदैहिक गुणों का वह गत्यात्मक संगठन है जो परिवेश के साथ उसके अनन्य समायोजन को निर्धारित करता है।" आलपोर्ट की परिभाषा सुधीजनों में अत्यधिक ग्राह्य है। अत: जब हम इसकी व्याख्या करते हैं तो पाते हैं कि उनके द्वारा व्यक्तित्व के अन्तर्गत व्यक्ति में विद्यमान सभी शीलगुणों (traits) को इस शब्द में समाहित माना गया है। यह भी अभिकथित है कि ये शीलगुण परस्पर संगठित और एक-दूसरे के पूरक हैं। व्यक्ति, समाज अर्थात् ऐहलौकिक जड़-जंगम जगत् के साथ तालमेल स्थापित करता है। उसमें विद्यमान अन्तर्निहित क्षमता तथा शीलगुणों का पारस्परिक संगठन जितना ही सुदृढ़ तथा सुस्पष्ट होगा वह समाज के साथ सामंजस्य स्थापित करने में उतना ही सफल होगा। व्यक्तित्व की उल्लिखित परिभाषा में तीन मुख्य विशेषताएँ दृष्टिगत होती हैं जो निम्नवत् हैं—

1. व्यक्तित्व की प्रकृति संगठनात्मक तथा गत्यात्मक है।
2. इसमें मानसिक तथा शारीरिक दोनों ही प्रकार की विशेषताएँ और गुण समाहित होते हैं।
3. अपने परिवेश के साथ सामंजस्य स्थापित करने का गुण भी 'व्यक्तित्व' शब्द से अभिप्रेत है।

वर्णित वैशिष्ट्य, समाजशास्त्रियों द्वारा प्रयुक्त समाजीकरण की अवधारणा को व्यक्तित्व के लिए नितान्त अनिवार्य बना देता है। यद्यपि असमाजीकृत व्यक्ति का भी अपना व्यक्तित्व है, तथापि निरन्तर गतिशील तथा समाज के साथ सामंजस्य स्थापित करने की ईहा तो समाजीकरण का उत्स ही है। असामाजिक के समाजिक बनने की प्रक्रिया को ही समाजीकरण कहते हैं। उल्लिखित क्रिया जितनी ही सन्तुलित तथा सामाजिक मूल्यों से युक्त होगी 'व्यक्तित्व' उतना ही सुदृढ़ तथा स्वीकार्य और प्रशंसित होगा। इस प्रकार व्यक्ति अपने व्यक्तित्व निर्माण के लिए निस्सन्देह समाज का ऋणी है। जिनको यह समाज नहीं प्राप्त होता है अर्थात् जो जीवन के नितान्त आरम्भिक काल से ही सामाजिक विविक्तता के लिए अभिशप्त हो जाते हैं वे वैयक्तिक विकास के स्तर पर पशु-सुलभ जीवनचर्या को ही प्रदर्शित करते हैं। प्रत्येक सुसंस्कृत समाज की अपनी जीवन शैली होती है। अपनी अपेक्षाओं की पूर्ति हेतु प्रत्येक संस्कृति या उपसंस्कृति की अपनी स्वीकृत पद्धतियाँ होती हैं। जो व्यक्ति इन प्रवर्तित पद्धतियों को आत्मसात् कर लेता है और तदनुसार आचरण करता है वह आलपोर्ट की सामाजिक सामंजस्य की कसौटी पर खरा सिद्ध होता है अर्थात् प्रशंसित व्यक्तित्व वाला व्यक्ति बन जाता है। इसके विपरीत जो व्यक्ति प्रचलित नियमों, विधियों एवं प्रविधियों के अनुरूप आचरण करने में निष्णात नहीं हो पाता है वह दुर्बल व्यक्तित्व वाला कहा जाता है। उसे अपने समाज में महत्त्वपूर्ण भूमिका नहीं मिलती है। यही कारण है कि बच्चा आरम्भ से ही ध्यान देता है कि समाज में क्या करना उचित कहा जाता है तथा क्या करना अनुचित माना जाता है। बड़ों तथा छोटों और समवयस्कों के साथ व्यवहार करना वह देखकर और अन्यों के साथ करके सीखता है। अनुकरण और अनुभावन के माध्यम से सीखने की इस प्रक्रिया के साथ ही वह भूल एवं सुधार की क्रिया, सामाजिक चयन की प्रवृत्ति तथा वयस्कों के व्यवहारों के सायास तथा अनायास अनुकरण द्वारा भी सामाजिक कार्यों को सम्पन्न करने तथा जीवनयापन के कौशलों का अधिगमन करने में समर्थ होता है।

व्यक्तित्व के सर्जक तथा नियन्ता

आनुवंशिकता और पर्यावरण व्यक्तित्व का सर्जन और नियमन करते हैं। यह सत्य है कि व्यक्ति का व्यक्तित्व माता-पिता के गुणसूत्रों द्वारा निर्धारित होता है; लेकिन यह तथ्य भी उतना ही महत्त्वपूर्ण है कि नैसर्गिक अन्तर्निहित विशेषताओं को परिवेश प्रभावित करते हुए उसका पोषण करता है। शोधात्मक परीक्षणों में यह पाया गया है कि जिन बच्चों का पोषण अवधानता रहित परिस्थिति में नितान्त एकान्त में किया जाता है उनमें मानवीय व्यवहार के लिए अपेक्षित गुणों का विकास नहीं होता है। इसके विपरीत जिन्हें समुचित परिवेश में सुनियोजित तरीके से शिक्षा दी

जाती है उनका व्यक्तित्व शक्ति समवेत चैतन्ययुक्त होता है। कहने का भाव यह है कि आनुवंशिकता पर्यावरण के माध्यम से कार्य करती है और परिवेश वंशानुगत जैवीयगुणों को प्रभावित करता है। इस प्रकार व्यक्तित्व निर्माण में पर्यावरण के प्रभावकारी अवदान को कथमपि अस्वीकारा नहीं जा सकता है। बच्चे को घर में तथा बाहर विद्यालय में मिलनेवाली औपचारिक शिक्षा और अनुभूत व्यवहारप्रसूत ज्ञान उसके व्यक्तित्व को आकार तथा बल प्रदान करते हैं। ध्यातव्य है कि पर्यावरणीय प्रभाव भी जीवन के आरम्भिक काल में तुलनात्मक दृष्टि से अधिक प्रभावित करते हैं। मनोविश्लेषकों द्वारा जीवन के आरम्भिक पाँच या छह वर्षों की महत्ता प्रतिपादित की जा चुकी है। इस वयोवर्ग का बच्चा अपने अभिभावकों के व्यवहारों के साथ तादात्म्य स्थापित करते हुए उनकी भाषा, हाव-भाव तथा व्यवहारों को आत्मसात् कर लेता है। बच्चे के स्वस्थ एवं सन्तुलित विकास के लिए उसका पालन-पोषण सतर्कता से करना चाहिए। कठोर अनुशासन उसे अधीर बना सकता है तो अत्यधिक दुलार उसमें अहं-क्रेन्द्रित अभिवृत्ति का जनन कर सकता है। उपहास की आतिशयिक बारम्बारता उसमें हीनभावना का जनन कर उसके अहं को विशीर्ण कर सकती है।

बच्चा सर्वप्रथम माता के माध्यम से कुटुम्ब के सम्पर्क में आता है। आरम्भिक अवस्था में वह निर्विकार, निश्छल, निष्कलुष तथा नितान्त ज्ञानरहित प्राणी होता है। उसे माता-पिता के द्वारा भाषा एवं व्यवहार का ज्ञान शनैः-शनैः प्राप्त होता है। वह कौटुम्बिक जनों से अपनी भाषा में वार्ता करता है और धीरे-धीरे उनकी भाषा को जानने का प्रयास करते हुए भाषिक क्षमता को विकसित करता है। इसी प्रकार भाई-बहन, माता-पिता तथा बाबा-दादी के आचरणों का अनुकरण करते हुए व्यावहारिक ज्ञान और जीवन कौशल को सीखता है। बढ़ती उम्र के साथ उसकी समझ-शक्ति विकसित होती है। वह घर के अन्य व्यक्तियों तथा बाहर से आनेवाले लोगों के सम्पर्क में भी आता है। वह समुदाय की भाषा, प्रचलित तथा स्वीकृत सामाजिक मूल्यों को ग्रहण करता है। परम्परागत कार्यक्रमों के कार्यान्वयन को देखता, समझता तथा अनुभव करता है। इस प्रकार अपने व्यक्तित्व को सामाजिक आयाम देता है।

उल्लेखनीय है कि बच्चे के घरेलू परिवेश में मुख्यतः गृह-सदस्य, आगन्तुक तथा पार्श्ववर्ती सामुदायिक व्यक्तियों का समावेश रहता है। ये सभी उसके व्यक्तित्व में सामाजिकता के बीज का वपन करते हैं। आनुवंशिक गुण-बीजों के उच्छूनीकरणार्थ तथा अंकुरणार्थ प्रभावी व्यवहारों से उन्हें आप्लावित करते हैं। बच्चे में सद्गुणों का आधान करना प्रत्येक अभिभावक के लिए आनन्ददायी होता है। इससे वह उच्चकोटि के व्यक्तित्व वाले व्यक्ति का अभिभावक होने का गौरव प्राप्त करने में समर्थ होता है। वर्णित उद्‌देश्य की पूर्ति हेतु बच्चों तथा अभिभावकों के मध्य मधुर तथा स्वस्थ सम्बन्ध का होना अत्यन्त आवश्यक होता है। ऐसा इसलिए क्योंकि माता,

पिता या अन्य संरक्षक द्वारा उनके साथ किस प्रकार का व्यवहार किया जा रहा है और उनके समक्ष कैसे उदाहरण प्रस्तुत किए जा रहे हैं का उन पर प्रत्यक्ष तथा तीव्र प्रभाव पड़ता है। जिस प्रकार बच्चों का शारीरिक पोषण अनिवार्य होता है उसी प्रकार उनकी जिज्ञासाओं के प्रति गम्भीर होना तथा उत्तरदायित्वपूर्ण उत्तरों द्वारा उन्हें मानसिक पोष प्रदान करना भी नितान्त आवश्यक होता है। जब एक बच्चा किसी भी विषय में अपनी जानकारी के लिए प्रश्न करता है तब अभिभावक द्वारा दिया जानेवाला उत्तर महत्त्वपूर्ण हो जाता है। उत्तर देते समय अपनाई जानेवाली आंगिक मुद्रा भी नितान्त प्रभावकारी होती है। रुक्ष, विषादपूर्ण तथा संशयान्वित उत्तर बच्चे के व्यक्तित्व पर नकारात्मक प्रभाव डालते हैं। इसके विपरीत प्रसन्नतापूर्ण, मधुर तथा निर्णयात्मक स्पष्ट भाषा में कृत जिज्ञासा की शान्ति बच्चे के अचेतन मन पर सकारात्मक तथा आत्मविश्वासवर्धक प्रभाव डालती है। अतः सर्वप्रथम बच्चे के मन में अपने प्रति विश्वास उत्पन्न करनेवाला व्यवहार अपनाना चाहिए। स्वीकरण, अस्वीकरण तथा संरक्षण की इयत्ता या रहितता बच्चे के व्यक्तित्व को झिंझोड़ देती हैं जिसका दूरगामी प्रभाव होता है। इन व्यवहारों का उसके संस्कार-निर्माण में आशातीत प्रभाव पड़ता है।

प्रत्येक व्यक्ति बच्चे से वार्धक्य तक की यात्रा पूर्ण करता है। उसके व्यक्तित्व निर्माण की रचनात्मक और ध्वंसात्मक क्रियाएँ मृत्युपर्यन्त चलती रहती हैं। वह सर्वप्रथम माता-पिता तथा घर के प्राणियों के सम्पर्क में आता है। घर के व्यक्तियों द्वारा प्राप्त जीवन कौशल उसके व्यक्तित्व का पोषण करते हैं। अभिभावकों द्वारा बच्चे का स्वीकरण महत्त्वपूर्ण कार्य होता है। एक अभिभावक आत्मीयता के साथ बच्चे को समझता है तो वह उसको न केवल समझता है बल्कि स्थायी रूप से आत्मस्थ करने का प्रयास करता है। समझदार अभिभावक, बच्चे द्वारा तिरस्कृत किए जाने की स्थिति में भी उसे स्वीकारते हैं। वे बच्चों की सामाजिक अभिरुचि, अवास्तविक अथवा वास्तविक भय तथा पीड़ा आदि का सतर्कता के साथ अवलोकन करते हैं तथा उनका वयोनुरूप समाधान प्रस्तुत करते हैं। वे उसकी समझ-शक्ति की प्रशंसा करते हैं तथा मंथरगति से तथ्यों को आत्मसात् करने की किंचित् दुर्बलक्षमता दृष्टिगत होने पर भी अधीर नहीं होते हैं। वे मानते हैं कि शैक्षिक नैरन्तर्य तथा क्रमिक विकास के साथ बच्चे की आधिगमिक क्षमता तथा व्यक्तित्व की बलिष्ठता पुष्ट हो जाएगी। वयोजन्य उद्दंडता के परिलक्षित होने पर भी वे उन्हें समझाने तथा प्रसन्न रखने की कोशिश करते हैं। परन्तु इसका तात्पर्य यह नहीं है कि माता-पिता या अन्य संरक्षक प्रत्येक स्थिति में प्रसन्न रहने का स्वाँग करते हैं; बल्कि बच्चे की अवस्था, सहनशक्ति, प्रतिक्रिया व्यक्त करने की प्रवृत्ति, तथा क्षमता को दृष्टिगत करते हुए आवश्यकतानुसार उनका समर्थन तथा विरोध करने की तीव्रता और स्वरूप को व्यवहार में लाते हैं। इसका मूल कारण यह मान्यता है कि बच्चा कभी-कभी अपनी

स्वतंत्रता की इच्छा को पारिवारिक अस्वीकरण के रूप में अभिव्यक्त करता है। जब वह माता द्वारा भोजन देने पर यह कहता है कि मैं नहीं खाऊँगा, मुझे आपकी अनावश्यक डाँट-फटकार अच्छी नहीं लगती है तब वह अपनी अस्मिता और अपने मान-सम्मान तथा स्वतंत्र सोच को अभिव्यक्त कर रहा होता है। यदा-कदा वह अपनी दुर्बलताओं से माता-पिता का ध्यान भटकाने के लिए भी उनके निर्देशों की अवहेलना करता है। एक व्यवस्थित तथा सन्तुलित सोचवाले अभिभावक द्वारा इस तथ्य को दृष्टिगत करते हुए ही बच्चे के साथ व्यवहार किया जाना उचित होगा क्योंकि इस स्थिति में बच्चे के प्रति सकारात्मकतापूर्ण व्यवहार नितान्त आवश्यक होता है। माता-पिता तथा अभिभावकों को चाहिए कि वे बच्चों को इस तथ्य का बोध कराएँ कि कमियों को बतानेवाला तथा व्यवहार को संशोधित करने हेतु दिशा-निर्देश देनेवाला व्यक्ति हितैषी होता है। उन्हें यह भी बताना आवश्यक होता है कि बाह्य संसार में मिलनेवाले अधिकांश व्यक्ति त्रुटियों के लिए क्षमा नहीं करते हैं। वे तिरस्कार भी कर सकते हैं। ऐसी स्थिति में सही परामर्श को मानना चाहिए और अपमानास्पद प्रतीत होनेवाले हितकर वचनों से दुखी नहीं होना चाहिए। यद्यपि बच्चा सद्यः इन शिक्षाओं को पूर्णतः हृदयंगम नहीं कर पाएगा; परन्तु शनैः-शनैः उसके मस्तिष्क में चेतन तथा अचेतन दोनों प्रकार से इस सीख का संघनन (accumulation) होगा जो उसे विवेकी व्यक्तित्व वाला बनाएगा।

कौटुम्बिक स्वीकरण बच्चे में उत्साह तथा आत्मविश्वास को उत्पन्न करता है तो अस्वीकरण उनमें हीनत्व का जनन करता है। यही कारण है कि बच्चे की बातों को माननेवाले, उन्हें प्रेम से स्वीकारने वाले अभिभावक सुधीजनों द्वारा महिमामंडित किए जाते हैं तथा विपरीत आचरण वाले अस्वीकारे जाते हैं। ऐसा होते हुए भी अस्वीकरण को प्रत्येक स्थिति में अनुचित मानना सही नहीं कहा जा सकता है; क्योंकि किसी निर्धारित लक्ष्य की प्राप्ति के लिए माता-पिता या अन्य अभिभावक द्वारा कृत सुनियोजित प्रयास के प्रति लापरवाह बच्चे को अस्वीकारने तथा उन्हें पूर्ववत् स्नेह न दिए जाने का कार्य प्रथम दृष्ट्या नकारात्मक प्रतीत हो सकता है, लेकिन सम्भव है कि संरक्षकों द्वारा इस प्रकार का व्यवहार पुरस्कार और दंड की प्रविधि के रूप में प्रयुक्त किया जा रहा हो। इसी प्रकार माता-पिता द्वारा बच्चों को छोटी-छोटी वस्तुओं को देकर तथा उनकी ओछी याचनाओं की पूर्ति कर उन्हें शान्त रखने जैसी स्वीकृति को अस्वीकरण के रूप में ही परिगणित किया जाना समीचीन होगा। अतः बच्चों को स्वीकारने से आशय उन्हें महत्त्व देने, उन्हें उचित-अनुचित का ज्ञान कराने तथा एतदर्थ अपने प्रति उनके मन में विश्वास भरने, उनकी त्रुटियों को उन्हें बताते हुए उसका सामान्यीकरण करने और उनकी ज्ञान के प्रति जिज्ञासा को जागृत करने से है जिससे उनका सम्यक् समाजीकरण हो सके और हीनभाव अथवा दोषभाव जैसे मनोविकार उसके व्यक्तित्व को प्रभावित न कर सकें। यह

तभी सम्भव है जब उन्हें अपने परिवेश से सीखने की स्वतंत्रता मिले। उन्हें बड़ों से परिवेशीय प्रश्नों को करने तथा स्वत:स्फूर्त प्राप्त ज्ञान के लिए प्रशंसा प्राप्त करने का अवसर मिले। परिवेशीय जनों से प्राप्त मैत्रीपूर्ण व्यवहार बच्चों के व्यक्तित्व को पुष्ट करता है। नियंत्रणाधिक्य तथा जिज्ञासाओं का दमन और क्रूर व्यवहार उनकी आपराधिक मनोवृत्ति का पोषण करते हैं। 'शान्त रहो'; 'जितना कहा जाए उतना ही करो'; 'बेकार के प्रश्नों को करने की तुम्हारी बहुत खराब आदत है'; 'इस पागलपन को त्याग दो' जैसे वाक्य बच्चों के सहज विकास को न केवल अवरुद्ध करते हैं; बल्कि उनके व्यक्तित्व को दुर्बल कर देते हैं। आत्मग्लानि का जनन कर उन्हें मनोरोगी तक बना देते हैं। इसका तात्पर्य कथमपि यह नहीं है कि बच्चे को गलत कार्यों से रोका न जाए, बल्कि उनकी सोचने की प्रवृत्ति को सकारात्मक किया जाए जिससे वे समझ सकें कि वे अच्छा से और अधिक अच्छा बनने के लिए प्रवृत्त किए जा रहे हैं। आर्थर टी. जेरसिल्ड ने डेविड आसुबेल और उनके साथियों को उद्धृत करते हुए लिखा है कि यद्यपि माता-पिता का व्यवहार वास्तविक जगत में एक वस्तुगत घटना होती है तथापि यह बच्चे के विकास को उसी सीमा तक तथा उसी प्रकार से प्रभावित करता है जिस रूप में वह इसका अवबोध करता है। अनुभूतिगत माता-पिता का व्यवहार वास्तविक उद्दीपक की तुलना में व्यक्तित्व-विकास का अधिक प्रत्यक्ष, प्रासंगिक और उपयुक्त निर्धारक माना जाता है।[1]

व्यक्तित्व-निर्माण में आनुवंशिकता और पर्यावरण, दोनों की संयुक्त भूमिका होती है। आनुवंशिक गुण माता-पिता से बच्चे में प्रजननकाल में ही गुणसूत्रों के माध्यम से अन्तरित हो जाते हैं, परन्तु पर्यावरणीय प्रभाव में बाह्य जगत की सभी स्थितियाँ, घटनाक्रम तथा अनुभव समाहित होते हैं। भोजन, भोजन करने की विधि, माता, पिता, भाई, बहन, दादी, दादा, गाँव, समुदाय, साथी, घर में आनेवाले अतिथि, विद्यालयीय शिक्षक, कर्मचारी, सभी की भाषा, संस्कृति, दिन-प्रतिदिन का व्यवहार, प्रचलित प्रथा, परम्परा, लोकाचार और रूढ़ियों का सम्मिलित अवदान परिवेशीय प्रभाव कहा जाता है। इन सबमें अभिभावकों तथा पार्श्ववर्तिजनों का व्यवहार तो अत्यन्त प्रभावोत्पादक होता ही है, लेकिन विद्यालय की भूमिका सर्वाधिक प्रभावकारी मानी जाती है।

बच्चा जब विद्यालय में जाता है तब वह घरेलू अपनत्व की बुभुक्षा के साथ जाता है। वस्तुत: विद्यालयीय जीवन अपनी व्यापक भूमिका में कौटुम्बिक परिवेश

1. "Although parent behaviour is an objective event in the real world, it affects the child's ego development only to the extent and in the form in which he perceives it. Hence, perceived parent behaviour is in reality a more direct relevent and proximate determinant of personality development than the actual stimulus context to which it refers."
—Arthur T. Jersild : Child Psychology (Fifth Edition) : Staples Press, London, p. 144

का ही बृहत् संस्करण है। वहाँ भी शिक्षक तथा बच्चों के सम्पर्क में आनेवाले अन्य कर्मचारियों से सकारात्मक व्यवहार की ही अपेक्षा की जाती है। जिस प्रकार तिरस्कार, अस्वीकार, अपमान, उपहास तथा उपेक्षा आदि बच्चों के व्यक्तित्व को विघटन की ओर प्रवृत्त करते हैं, उसी प्रकार विद्यालयीय जनों द्वारा भी कृत इस प्रकार के व्यवहार बच्चे को मनोरोगी अथवा समाजविरोधी बनाते हैं। इसके विपरीत सकारात्मक आचरण उन्हें उच्चकोटि का विराट् व्यक्तित्व वाला मानवीय गुणोपेत व्यक्ति बनाते हैं। यही कारण है कि विद्यालयों में प्रशिक्षित शिक्षक पदस्थापित किए जाते हैं। सम्यक् प्रकार से संचालित विद्यालयों में बच्चों को आत्मीयता के साथ स्वीकार्य तथा त्याज्य वृत्तियों से अवगत कराया जाता है। अच्छे व्यवहार के लाभ तथा कुकृत्यों से होनेवाली हानि से अवगत कराया जाता है। उन्हें वाचनक्रिया के साथ ही लिखने तथा लिखे हुए को पढ़ना सिखाया जाता है। जीवन कौशल तथा आनन्दपूर्ण जीवनचर्या की कला सिखाई जाती है।

शिक्षक का व्यवहार अत्यधिक महत्त्वपूर्ण होता है। भारतीय परम्परा में उसका व्यवहार आचरणीय तथा आदेश 'आप्तवाक्य' माना जाता है। शिक्षक की प्रशंसा तथा निन्दा को व्यक्तित्व के निर्माण में संजीवनी सदृश तथा विघटनार्थ विषवत् माना गया है। प्रथम दृष्ट्या यह मान्यता अतिशयोक्ति प्रतीत होती है, परन्तु गम्भीरता से देखने पर वास्तविक दृष्टिगत होती है और अतिरंजना का तत्त्व लेशमात्र भी परिलक्षित नहीं होता है। अतिशय आस्थावशात् बच्चा शिक्षक की प्रत्येक वार्ता को अपनी क्षमतानुसार पूर्णतः स्वीकारता है। व्यपदिष्ट के अतिरिक्त अनुपदिष्ट व्यवहारों को भी वह सायास तथा अनायास अपनाता है। वह प्राध्यापक की भाषा, आंगिक प्रक्षेपण, मिलनेवाले लोगों के साथ आचरित व्यवहारगत मधुरता तथा तिक्तता को हृदयस्थ कर लेता है। यदि शिक्षक कतिपय अनुचित शब्दों को 'गाली' कहकर उसका उच्चारण करने से बच्चों को रोकता है तब वह शिष्यवत् इसको मान लेता है; परन्तु जब वह व्यवहार में पाता है कि उसके गुरु तो इन्हीं शब्दों का प्रयोग कर आनेवाले व्यक्ति को डाँट रहे थे तब वह स्वतः यह निष्कर्ष निकाल लेता है कि यदा-कदा गाली देना अनुचित नहीं कहलाता है। यह धारणा समय के साथ उसके मस्तिष्क में संघनित होकर उसके व्यक्तित्व का अंग बन जाती है। इसी प्रकार किसी भी परिस्थिति में धैर्य तथा शान्ति के साथ स्थापित मानकों का अनुसरण करनेवाला शिक्षक का व्यवहार बच्चों में उच्चकोटि के व्यक्तित्व का जनन करता है। उनमें विद्यमान रचनात्मकता का विकास करने तथा आत्मनिर्णय की दक्षता को पुष्ट करने का विद्यालय उपयुक्ततम स्थल है। बच्चे किसी भी समाज के भावी कर्णधार होते हैं, जो पाठशालाओं में सर्वतोमुखी विकास के लिए अभिभावकों द्वारा भेजे जाते हैं। इन बच्चों में से कुछ अत्यन्त विनयी तो कुछ नितान्त उद्दंड होते हैं। कतिपय कुशाग्रबुद्धि तो कोई मन्द बुद्धि और कुछ एकाग्रचित्त तो अन्य बताई गई बातों पर

ध्यान न देनेवाले होते हैं। वर्णित स्थिति में विद्यालयीय गुरु का दायित्व गुरुतर हो जाता है। उन्हें अपने संवेगों को नियंत्रित करते हुए प्रत्येक बच्चे की मनःस्थिति तथा अन्तर्निहित क्षमता का समाकलन कर अपने 'स्व' का अत्यन्त सतर्कता और चेतनता के साथ प्रयोग करना होता है। ऐसा इसलिए, क्योंकि इस बिन्दु पर बड़ों द्वारा कृत व्यवहार से उनमें हीनभावना, दोषभावना तथा व्यक्तित्व को विशीर्ण कर देनेवाली विकृतियों का जनन होता है। अभिभावकों की तरह विद्यालयीय शिक्षकों एवं कर्मचारियों से भी अपेक्षित होता है कि वे बच्चों को बच्चा के रूप में ही स्वीकारते हुए उन्हें दिशा-निर्देश प्रदान करें अर्थात् स्वीकरण तथा तिरस्करण सदा ही रणनीति के अनुसार किया जाना चाहिए। स्वीकृति की स्थिति में विघटित परिवार के बच्चों को वैयक्तिक विघटन से बचाया जा सकता है। बच्चों में आत्मविश्वास जागृत करने का प्रयास किया जाना चाहिए जिससे वे प्रतिरक्षात्मक युक्तियों के जाल में न फँसें। विश्वास से भरा बच्चा या छात्र हीनभावना का शिकार नहीं होता है। इसी प्रकार दोषों का सामान्यीकरण करके दोषभावना ग्रंथि से भी उन्हें बचाया जा सकता है। स्नेहपूर्ण सकारात्मक व्यवहार द्वारा उनमें विधायी अभिरुचियों का जनन किया जा सकता है। इस प्रकार उसके व्यक्तित्व में आत्मविश्वास, आत्मनिर्णय तथा सकारात्मक प्रवृत्ति का समावेश विद्यालय द्वारा किया जा सकता है। इसके विपरीत कृत आचरण उनकी सोच को संकुचित, ईर्ष्यालु, लोभी, स्वार्थी तथा चंचल चित्त-वृत्तिवाली नकारात्मकता से परिपूर्ण कर सकता है।

व्यक्तित्व का निर्माण करने तथा उसको आकार देने में आनुवंशिक गुणों तथा पर्यावरणीय प्रभावों के वर्णन के क्रम में सामाजिक आनुवंशिकता का उल्लेख आवश्यक हो जाता है। बच्चे जिस समुदाय तथा परिवेश में रहते हैं वहाँ वंशपरम्परा से सांस्कृतिक विरासत उन्हें प्राप्त होती है, क्योंकि प्रत्येक सामाजिक समूह विशेष अपने ऐतिहासिक नैरन्तर्य तथा सांस्कृतिक अक्षुण्णता को बनाए रखना चाहता है। एक पीढ़ी से दूसरी पीढ़ी को प्राप्त होनेवाले इस पारम्परिक सांस्कृतिक संचरण के परिणामस्वरूप समुदाय विशेष के लोग अपनी कालव्यापी एवं कालजयी एकता को बनाए रखते हैं। इसे ही समाजशास्त्रियों द्वारा सामाजिक आनुवंशिकता के अभिधान से अभिहित किया गया है। जहाँ जैव आनुवंशिकता माता-पिता से प्राप्त होनेवाले गुणसूत्रों में निहित होती है वहीं सामाजिक आनुवंशिकता में भाषा, धर्म, प्रथा, परम्परा तथा सामाजिक सामंजस्य की रीतियाँ आदि समाहित होती हैं। जैव आनुवंशिकता अन्तर्निहित होती है वहीं सामाजिक आनुवंशिकता बाह्यतः संचरित होती है। एक सतत सामाजिक समूह के सदस्यों के व्यवहार में सामाजिक आनुवंशिकता एकरूपता पैदा करती है। कोई भी बच्चा इन सर्वस्वीकृत सांस्कृतिक प्रभावों से अप्रभावित नहीं रह सकता है। तात्पर्य यह है कि उसका व्यक्तित्व इन सामाजिक नियमों, उपनियमों, तथा वर्जनाओं के सतत सान्निध्य में

...लस्वरूप अनायास उन्हें अंगीकृत कर लेता है। वह पारम्परिक ज्ञान से इतना अधिक आच्छन्न होता है कि अनायास उसमें रच-पच जाता है। वह उसे स्वीकारता ही नहीं है, बल्कि जीवातु की भाँति व्यक्तित्व के अविभाज्य तत्त्व के रूप में वहन करता है। वह समूहजन्य वैशिष्ट्यों को आत्मस्थ कर एक सुनिश्चित 'अहम्' को विकसित करता है।

परम्परा की ही भाँति, लोकरीतियाँ और लोकनीतियाँ भी व्यक्तित्व को पोषण प्रदान करती हैं। स्थानीय जीवनचर्या के विविध उपायों में आत्मरक्षण और समूहरक्षण से सम्बन्धित कतिपय अभ्यासों का प्रादुर्भाव स्वाभाविक रूप से होता है जिनकी प्रभावकारिता के कारण जीवनशैली न्यूनाधिक रूप में स्थिर हो जाती है। अपनी सर्वस्वीकृति के फलस्वरूप ये सामाजिक अभ्यास एवं रीतियाँ 'लोकनीति' के महनीय अभिधानात्मक गौरव को प्राप्त करती हैं। ये समाज के प्रत्येक व्यक्ति की सोच एवं कार्य-प्रणाली को नियमित तथा नियंत्रित करती हैं। इनके विधान आदेशात्मक होते हैं। बच्चों का समाजीकरण इन्हीं प्रथाओं, परम्पराओं, लोकरीतियों तथा लोकनीतियों के मध्य होता है; इसलिए व्यक्तित्व पर इनका अमिट प्रभाव पड़ता है। कहने का भाव यह है कि सामाजिक आनुवंशिकता का व्यक्तित्व पर प्रभाव स्थायी तथा स्व:स्फूर्त होता है।

अभिभावक, घरेलू वातावरण, प्रातिवेशिक पर्यावरण, समुदाय तथा विद्यालय, व्यक्तित्व को न केवल पोषण प्रदान करते हैं; प्रत्युत उसके स्वरूप को भी निर्धारित करते हैं। इनमें भी विद्यालय की भूमिका अन्यतम होती है। व्यक्तित्व निर्माण में इस संस्था के अवदान का कोई सानी नहीं है; क्योंकि शिक्षणालय में आनेवाला बच्चा विघटित परिवार का हो सकता है। वह उस समुदाय से भी सम्बन्धित हो सकता है जो आधुनिक संस्कृति से अस्पृष्ट तथा कोसों दूर अवस्थित है और जिसे ज्ञान-ज्योति से आलोकित होना शेष है। उसका सम्बन्ध उस परिवेश से भी होना सम्भव है जहाँ अतार्किक त्याज्य रूढ़िगत प्रथाएँ ही परम्परागत ज्ञान के रूप में स्वीकार्य हैं। इस प्रकार उसका नितान्त तिमिराच्छन्न अथवा अत्यन्त सुसभ्य—दोनों ही प्रकार के समाज से सम्बन्धित होना शक्य है। चाहे जो भी परिस्थिति हो शिक्षक का दायित्व उसको व्याप्त करनेवाले त्याज्य संस्कारों को दूर कर उसके व्यक्तित्व का परिमार्जन कर मानवीय मूल्यों तथा उच्चकोटि के संस्कारों से युक्त जीवन कौशलों का उसमें आधान करना है। इस प्रकार व्यक्तित्व के परिमार्जन तथा पोषण की दृष्टि से विद्यालय का अवदान अत्यन्त महत्त्वपूर्ण है।

सन्दर्भ ग्रंथ

1. Arthur T. Jersild : Child Psychology (Fifth Edition) : Staples Press, London
2. D.Bruce Gardner : Development In Early Childhood (1965) : Harper And Row Newyork, Evanston and London and John Weather Hill, INC, Tokyo

जीवन कौशल के विकास में शिक्षक की भूमिका

प्राणिमात्र का उद्देश्य आनन्दमय जीवन की प्राप्ति है। यह 'आनन्द' न तो सुख मात्र है और न ही अच्छे जीवन-संसाधनों की प्राप्ति मात्र। सुविधासम्पन्न व्यक्ति भी यदि अपने परिवार, समुदाय, समाज आदि से सामंजस्य स्थापित नहीं कर पाता है तब उसे अपार कष्ट होता है। भौतिक संसाधन उसे महत्त्वहीन प्रतीत होते हैं। एक व्यक्ति जब विश्लेषणात्मक मनोवृत्ति का होता है तब वह विपरीत परिस्थितियों में भी धैर्य के साथ समस्या-समाधान के मार्ग अन्वेषित कर लेता है। वह जीवनयापन की कला विकसित कर लेता है। कठिन परिस्थितियों का साम्मुख्य करने की क्षमता प्राप्त कर लेता है। वह अन्य लोगों की पीड़ाओं के प्रति संवेदनशील होता है। ये गुण ही जीवन कौशल के नाम से जाने जाते हैं। कहने का भाव यह है कि शान्तिप्रिय जीवनयापन की कला, धैर्य, संवेदनशीलता, सह-अस्तित्व की प्रवृत्ति, रचनात्मकता, निर्णय लेने की क्षमता, समाज के साथ तालमेल स्थापित करने में प्रवीणता आदि सामर्थ्य ही जीवन कौशल है। सूक्ष्मवीक्षण से यह स्पष्ट होता है कि जिन व्यक्तियों का बचपन में पालन-पोषण उचित वातावरण में होता है उनमें वर्णित प्रावीण्य संस्कार रूप में समाहित हो जाते हैं। इसके विपरीत तनावपूर्ण वातावरण में पालित बच्चों में विविध मानसिक विकार समुत्पन्न हो जाते हैं जो उन्हें असामाजिक तथा कभी-कभी समाज विरोधी भी बना देते हैं। वर्णित परिस्थितियों में यावज्जीवन नैतिकता तथा मानवीय मूल्यों से समन्वित अक्षुण्ण व्यक्तित्व निर्माण के लिए बच्चों को उचित परिवेश प्रदान किया जाना अत्यावश्यक सिद्ध होता है।

जीवन में विपरीत परिस्थितियों का आना शाश्वत सत्य है। व्यक्ति का इससे दुखी होना भी स्वाभाविक है; लेकिन एक आशावादी दृष्टिकोण तथा समस्या-समाधान की कला कठिनाइयों का निवारण कर सुखमय जीवन का मार्ग प्रशस्त करती हैं। वर्णित सन्दर्भ में मनोवैज्ञानिक कार्नेहार्नी के मंतव्य से सहमति व्यक्त करते हुए यह कहा जा सकता है कि प्रत्येक व्यक्ति सामाजिक समायोजन हेतु

चिन्तित रहता है। वह कतिपय आधारभूत दु:खादायक चिन्ताओं के कारण क्रियाशील होकर इन्हें दूर करने हेतु सन्नद्ध रहता है। अपनी आवश्यकताओं की तृप्ति के लिए सतत प्रयासरत रहते हुए वह मनस्तापी प्रवृत्तियों से ग्रस्त हो जाता है। इस सम्बन्ध में 'हार्नी' ने दस मनस्तापी-स्थितियों का उल्लेख करते हुए यह मत व्यक्त किया कि व्यक्ति इनके कारण आन्तरिक द्वन्द्वों से पीड़ित रहता है। इनके प्रभावी होने पर व्यक्ति की समायोजनशीलता क्षीण होती है जो उसके सुखमय जीवन में व्यवधान उत्पन्न करती है।

निष्कर्ष रूप में कहा जा सकता है कि प्रत्येक व्यक्ति सुख चाहता है; परन्तु अवश्यम्भावी कठिनाइयाँ उसे दुखी कर देती हैं। अनुभवों से यह सिद्ध है कि कतिपय व्यक्ति इन कठिनाइयों से इतना अधिक विचलित हो जाते हैं कि उनका व्यवहार असामान्य हो जाता है। कुछ लोगों का व्यक्तित्व इतना सुदृढ़ होता है कि विपरीततम स्थिति में भी धैर्य के साथ समस्या-समाधान कर सुखमय जीवनयापन करते हैं। अतएव व्यक्ति में समस्यात्मक परिस्थितियों से निकलने की योग्यता का होना अत्यावश्यक है। एतदर्थ बचपन से ही उनमें धैर्य तथा तार्किक चिन्तन के संस्कार का आधान किया जाना चाहिए। उनमें सहानुभूति, निर्णय लेने की क्षमता, मनोगत भावों को व्यक्त करने की कला तथा साहस, रचनात्मकता, जागरूकता, पारस्परिक सहयोग की प्रवृत्ति, समन्वय, तनावशैथिल्य एवं प्रबन्धन की योग्यता, समाजविरोधी भावनाओं पर नियंत्रण, सहानुभूति, नैष्ठिक आचरण आदि गुणों के संस्कार बीजों का वपन किया जाना चाहिए। अब यह प्रश्न समुत्पन्न होता है कि इन कार्यों को कैसे किया जाए। विशेषकर बच्चों से कैसे कहा जाए कि तुम वर्णित गुणों को विकसित कर लो। क्या कहने या चाहने मात्र से किसी गुण विशेष का विकास या न चाहने से दुर्गुणों का समापन हो सकता है? इसका सहज उत्तर है कि 'नहीं'। फिर शिक्षक इसको कैसे सम्पन्न करेगा। इसके विषय में यही कहा जा सकता है कि उसे बच्चों की आयु, क्षमता, सहज प्रवृत्तियों तथा परिवेश को दृष्टिगत करते हुए कार्य करना चाहिए जिससे वे सहजभाव से इन गुणों से युक्त हो सकें। राष्ट्रीय शिक्षा नीति 2020 में विद्यालयीय शिक्षा के विषय में निम्नवत् उल्लेख है—

> यह नीति वर्तमान की 10+2 वाली स्कूली व्यवस्था को 3 से 18 वर्ष के सभी बच्चों के लिए पाठ्यचर्या और शिक्षणशास्त्रीय आधार पर 5+3+3+4 की एक नई व्यवस्था में पुनर्गठित करने की बात करती है, जैसा कि यहाँ दी गई आकृति में दिया गया है[1]...

---

1. राष्ट्रीय शिक्षा नीति 2020 : मानव संसाधन विकास मंत्रालय, भारत सरकार, पृ. 8

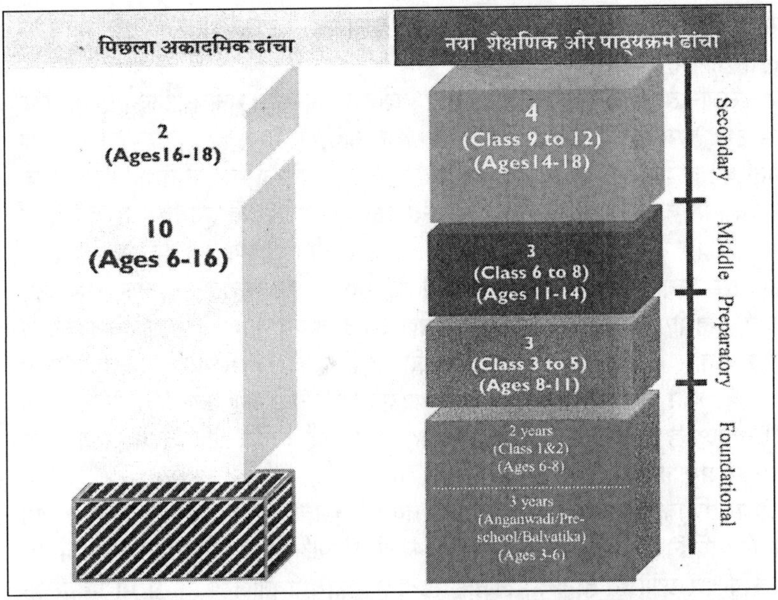

सूक्ष्मेक्षण से स्पष्ट है कि व्यक्तित्व विकास की इडिपल-अवस्था से किशोरावस्था तक की अवधि इस शिक्षणकाल में समाहित है। संज्ञानात्मक दृष्टि से पूर्वसंक्रियात्मक अवस्था से तार्किक चिन्तनप्रधान औपचारिक संक्रियात्मक काल तक की विशेषताओं वाले बच्चे विद्यालयीय शिक्षण व्यवस्था से आबद्ध हैं। शिक्षकों को यह ध्यान में रखना होगा कि किस कक्षा के बच्चे की सामान्य विशेषताएँ क्या हैं तथा उनके संज्ञानात्मक विकास का स्तर क्या है। जब बच्चों की रुचि और क्षमता के अनुरूप गुणाधान तथा सहज मनोवृत्तियों के अनुसार शिक्षण शैली को अपनाया जाएगा तो उनमें जीवनकौशलों का विकास हठात् होगा।

प्रस्तावित योजनानुसार आधारभूत पाठ्यक्रम स्तर की शैक्षणिक व्यवस्था में 3 वर्ष से 8 वर्ष तक की आयु के बच्चों को समाहित किया गया है जो इडिपल-अवस्था का काल है। इडिपल-अवस्था का बच्चा संवेगात्मक रूप से विपरीतलिंगी अभिभावक के प्रति आकृष्ट होता है। बालिका माता से ईर्ष्या तथा पिता से प्यार करती है। बालक पिता से तादात्म्य स्थापित कर उसका स्थान लेना चाहता है। वह माता के प्रति आकर्षित होता है। कभी-कभी पारिवारिक वातावरण असामान्य होने की स्थिति में बच्चों की यह प्रवृत्ति विपरीतलिंगी शिक्षक के प्रति स्थानान्तरित होकर आकर्षण या विकर्षण का कारण बन जाती है। शिक्षक को इसे ध्यान में रखते हुए बच्चों से व्यवहार करना चाहिए तथा जीवन कौशलों को खेल-खेल में रुचिपूर्ण तरीके से विकसित करने का प्रयास करना चाहिए जिससे वे धैर्य,

साहस तथा सत्यवादिता जैसे गुणों को विकसित कर सकें। बच्चे इस आयु में बहुत अधिक जिज्ञासु होते हैं।

संज्ञानात्मक विकास के सिद्धान्तों में विश्वास करनेवाले मनोवैज्ञानिकों के अनुसार इस उम्र के बच्चे में तार्किक क्षमता विकसित नहीं हुई रहती है; लेकिन समझाई गई बातों को वे मनोयोग से समझते हैं। यदि फ्रायड के विकासात्मक तथा जीन पियाजे के संज्ञानात्मक विकास विषयक सिद्धान्तों को दृष्टिगत रखते हुए विस्तृत चैतन्य के साथ विचार करें तो यह निष्कर्ष सहज ही प्राप्त होता है कि इस स्तर पर शिक्षकों के द्वारा बच्चों को क्रीड़ा तथा कहानी के माध्यम से सत्यता, करुणा, संवेदना, त्याग, सहयोग, समन्वय, प्रभावी सम्प्रेषण आदि जीवन कौशलों से परिचित कराया जा सकता है। खेल तथा खिलौने के प्रति बच्चों में इस अवस्था में आकर्षणाधिक्य होता है, यही कारण है कि इस अवस्था को 'खिलौनों का काल' भी कहा जाता है। ज्ञातव्य है कि खेल-खेल में अवबोध कराई गई बातें व्यक्तित्व में संस्कार के रूप में समाहित हो जाती हैं।

प्रारम्भिक चरण में कक्षा 3 से 5 तक के छात्र आते हैं जिनकी आयु 8 वर्ष से 11 वर्ष निर्धारित है। इस वयोवर्ग के बच्चों में साथियों के साथ रहने तथा अच्छा प्रदर्शन कर प्रशंसित होने की ललक रहती है। कामभावनाजन्य किसी भी प्रकार के विकार से रहित इस अवस्था के बालक-बालिका में जिज्ञासाधिक्य रहता है। ज्ञान की पिपासा इन्हें आदर्श व्यक्तित्व की तरफ अग्रसर करती है; फलतः यदि इनके समक्ष सफल व्यक्तियों के उदाहरण प्रस्तुत किए जाएँ तो ये अपने में तद्वत गुणों का समावेश करने के लिए अकूत प्रयास करते हैं। शिक्षक को चाहिए कि वह इन्हें विपरीत परिस्थितियों से भयाक्रान्त न होने, धैर्य से सफल होने तथा अच्छे व्यवहार के कारण सर्वप्रशंसित होनेवाले व्यक्तियों के विषय में बताए। ऐसे व्यक्ति यदि स्थानीय समुदाय में उपलब्ध हों तो उनके विषय में अवश्य बताए जिससे बच्चा स्वयं ही इन गुणों को अपनाने तथा दुर्गुणों को त्यागने का निर्णय ले सके। इस प्रकार उनमें वर्णित गुणों के साथ ही 'निर्णय लेने का कौशल' भी विकसित होगा।

अवधेय है कि इस वयःकाल में बच्चों के व्यक्तित्व में अहम् (ईगो) की अपेक्षा उत्तम-स्व (सुपर ईगो) प्रभावी होता है। क्रीड़ा के समय जब उसे खेल के नियम बताए जाते हैं तब वह उनका अनुपालन करते हुए उत्तम-स्व को अनायास ही पुष्ट करता है। ऐसी अवस्था में वह अपनी सफलता तथा असफलता के कारणों का अन्वेषण करता है जिससे उसमें धैर्य तथा निर्णय लेने की क्षमता बढ़ती है और वह अपने 'अहम्' को भी विकसित करता है। संज्ञानात्मक विकास की दृष्टि से इस अवस्था के बच्चों में तार्किक क्षमता विकसित हो रही होती है। उनमें घटनाओं तथा उनके परिणामों का अनुभव करने तथा तदाधारित धारणा निर्माण की चिन्तनशील प्रवृत्ति दृढ़ हो रही होती है। इसे ध्यान में रखते हुए शिक्षकों द्वारा उनके समक्ष एक

ही समुदाय के असफल तथा सफल व्यक्तियों के उदाहरण इस प्रकार प्रस्तुत करना चाहिए जिससे वे साफल्य प्रदान करनेवाले गुणों को अपनाने का स्पष्ट निर्णय लेने में समर्थ हो जाएँ। इस प्रकार शिक्षक बच्चों में जीवन कौशलों का विकास करते हुए उनकी तार्किक क्षमता को भी परिपुष्ट कर सकता है।

शिक्षक अभिभावकों को बच्चों की अच्छाइयों को बताकर उन्हें ससमय विद्यालय में भेजने के लिए प्रेरित कर सकता है। वयोजन्य दुर्बलताओं को सामान्य तथा स्वाभाविक बताकर उन्हें डाँटने-फटकारने से रोक सकता है। उन्हें बच्चों को खेलने से न रोकने के लिए समझाते हुए, व्यवस्थित योजनानुसार क्रीड़ा तथा पठन-पाठन के लिए समय देने के लिए अभिप्रेरित कर सकता है। वस्तुतः इस वयोवर्ग के बच्चे मानसिक समर्थन और महापुरुषों के जीवनचरित से एक विशेष प्रकार की ऊर्जा प्राप्त करते हैं जो उनमें स्वस्थ जीवन कौशल को विकसित करती है।

कक्षा 6 से 8 (मध्यस्तरीय/मिडिल) तथा 9 से 12 तक की कक्षाओं (माध्यमिक/सेकेंड्री) में अध्ययनरत छात्रों की आयु क्रमशः 11-14 तथा 14 से 18 वर्ष निश्चित की गई है। विकासात्मक दृष्टि से यह किशोरावस्था और संज्ञानात्मक समझ के जीन पियाजे के सिद्धान्तानुसार 'औपचारिक संक्रियात्मक अवस्था' का कालखंड है। इस अवस्था के बच्चे तार्किक क्षमतायुक्त होते हैं। इनमें परिकल्पनात्मक उत्तरों के निर्माण की प्रवृत्ति तथा शक्ति—दोनों ही पाई जाती है। अतः जब इन्हें सामाजिक मूल्यों, परम्परागत नियमों, नवीन ज्ञान के विषय में गुण-दोष के आधार पर बताया जाएगा तब वे इसे तर्कसम्मत होने के कारण स्वीकारेंगे, साथ ही वैज्ञानिक सोच, सामाजिक मूल्यों और मान्यताओं के प्रति उनकी आस्था दृढ़ होगी। सम्भवतः यही कारण है कि राष्ट्रीय शिक्षा नीति 2020 में प्रावधानित है कि "स्कूली पाठ्यक्रम में प्रारम्भिक शिक्षा, मानवीय मूल्यों पर सामग्री, जैसे सभी व्यक्तियों के लिए सम्मान, सहानुभूति, सहिष्णुता, मानव अधिकार, लैंगिक समानता, अहिंसा, वैश्विक नागरिकता, समावेशन और समता शामिल होंगे। इसमें विभिन्न संस्कृतियों, धर्मों, भाषाओं, लिंग आधारित पहचान इत्यादि के बारे में अधिक विस्तृत ज्ञान शामिल होगा, जो विविधता के प्रति सम्मान और संवेदनशीलता विकसित करेगा। स्कूल के पाठ्यक्रम में किसी भी पूर्वाग्रह और रूढ़िवादिता को हटा दिया जाएगा और ऐसी सामग्री को अधिकता में शामिल किया जाएगा जो सभी समुदायों के लिए प्रासंगिक और सम्बन्धित है।"[1]

ध्यातव्य है कि किशोरावस्था में प्रायः जीवन के सभी कालों की विशेषताएँ पाई जाती हैं। किशोरों में बच्चा बने रहने की इच्छा तथा प्रौढ़ों के सदृश व्यवहार करने की प्रवृत्ति विकसित हो रही होती है; फलस्वरूप उनके क्रियाकलापों में

1. राष्ट्रीय शिक्षा नीति 2020 : मानव संसाधन विकास मंत्रालय, भारत सरकार, परिच्छेद (पैरा) पृ. 44

अयुक्तिसंगतता परिलक्षित होती है। अध्ययनों से स्पष्ट होता है कि 12 वर्ष की आयु के आसपास 'अहम्' शक्तिशाली रूप में विद्यमान रहता है; परन्तु 16 से 18 वर्ष के मध्य 'उत्तमस्व' (सुपर ईगो) को भी वह पर्याप्त महत्त्व देता है। इसको ध्यान में रखते हुए शिक्षकों तथा अभिभावकों को बच्चों को स्पष्ट रूप से नितान्त व्यवहार्य तथा समाजस्वीकृत मूल्योपेत 'जीवन कौशलों' का ज्ञान कराना चाहिए। कुछ भी करने की 'इच्छा और साहस' के इस कालखंड में जितनी ही तार्किकता के साथ मूलभूत कौशलों का ज्ञान कराया जाएगा, इस वयोवर्ग के छात्र उसे विवेकसम्मत कसौटी के आलोक में विश्लेषण करने के पश्चात् उतनी ही तन्मयता से अपनाने के लिए सन्नद्ध होंगे। यह भी ध्यातव्य है कि इस अवस्था के व्यक्तियों में स्वरक्षार्थ प्रतिरक्षात्मक युक्तियों का आश्रय लेने की प्रवृत्ति भी बलवती होती है जिसको यथोचित समर्थन देते हुए उनमें धैर्य, शौर्य, संवेदना, निर्णयात्मक सामर्थ्य आदि गुणों का आधान किया जा सकता है।

जब शिक्षक अपने विद्यार्थियों की वयोजन्य सहज प्रवृत्तियों को संज्ञान में लेकर सामाजिक मूल्यों, मान्यताओं, परम्पराओं, कौशलों की शिक्षा देगा तब बच्चों में अपेक्षित सामर्थ्य संस्कार रूप में समाविष्ट हो जाएगा। उदाहरणार्थ आधारभूत स्तर (पूर्व प्राथमिक तथा कक्षा 1 और 2) के छात्र को आत्मीयता के साथ खिलौनों एवं कहानियों के माध्यम से, चित्रों के माध्यम से अभिनयपूर्वक धीरता, वीरता आदि से सम्बन्धित जीवन मूल्यों एवं कौशलों से सम्बन्धित बातें बताई जाएँगी तब वह प्रसन्नता के साथ इन गुणों को अपने व्यक्तित्व का अंग बना लेगा। वह अपने साथियों के बीच स्वयं भी अभिनय करते हुए उन बातों को बताएगा जो शिक्षक द्वारा उसे बताई गई होती हैं। किशोरावस्था के छात्रों में दो विपरीत परिस्थितियों के उदाहरण देकर सम्यक् कौशलों को विकसित किया जाना उचित होगा। जब उन्हें समान परिस्थितियों में धैर्यवान व्यक्तियों के सफल होने तथा अधीर के असफल होने का उदाहरण देकर सोचने का अवसर दिया जाएगा तब वे स्वयं के तार्किक विश्लेषणों द्वारा जीवन कौशलों को स्वीकारने का निर्णय लेंगे। वर्णित वयोवर्ग के बच्चे क्रीड़ा के प्रति रुच्याधिक्य प्रदर्शित करते हैं। अत: उन्हें खेल-खेल में शिक्षा दिया जाना उचित होगा। इससे उनमें निर्णय लेने की क्षमता, 'हम' की भावना, सहयोग, समन्वय आदि गुणों का विकास अनायास ही हो जाता है। इस सम्बन्ध में 'राज्य शिक्षा संस्थान, उत्तर प्रदेश, प्रयागराज' ने वर्ष 2019-20 में एक अध्ययन में पाया कि कक्षा 8 के 52 प्रतिशत विद्यार्थी खेलकूद, 26.5 प्रतिशत चित्रकला, 15.9 प्रतिशत नाटक तथा 5.6 प्रतिशत वाद-विवाद प्रतियोगिता को अपनी पसन्द का कार्यक्रम मानते हैं[1]—

1. उ.प्र. के आकांक्षी जनपदों के विद्यार्थियों में जीवन कौशलों को प्रोत्साहित करने वाले क्रियाकलापों का अध्ययन (2020) : राज्य शिक्षा संस्थान, उ.प्र., प्रयागराज, पृ. 35

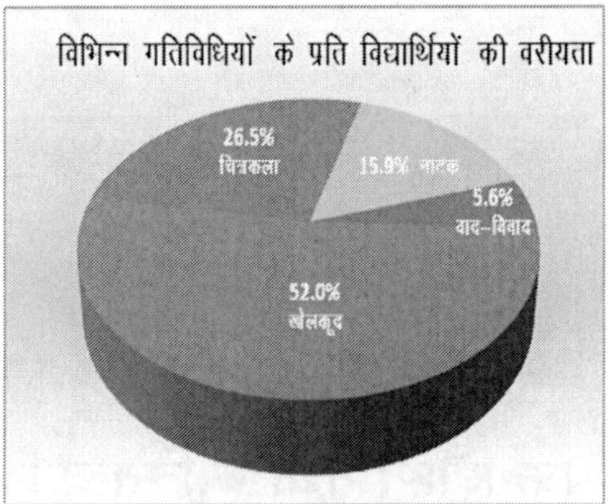

स्पष्ट है कि प्रशिक्षित तथा व्यावसायिक क्षमतासम्पन्न शिक्षकों की देखरेख में कक्षाशिक्षण के साथ ही क्रीड़ा-कार्यक्रमों का नियमित तथा व्यवस्थित आयोजन बच्चों में जीवनकौशलों के विकास की दृष्टि से उपयोगी होता है। इस प्रकार के कार्यक्रम जब बच्चों की अवस्था को ध्यान में रखते हुए आयोजित कराए जाते हैं तब वे अधिक लाभकारी होते हैं। शिक्षक को 'खिलौने की आयु', 'गिरोह में रहने की आयु' तथा संवेदनाप्रधान 'कैशोर्य' के अकुलाहट के काल एवं मनोजन्य प्रवृत्तियों को ध्यान में रखते हुए ही 'क्रीड़ा-कार्यक्रमों' की विषयवस्तु, समय तथा बारम्बारता की रूपरेखा तैयार करनी चाहिए। इस प्रकार वयोजन्य शारीरिक, मानसिक और संवेगात्मक वैशिष्ट्यों को दृष्टिगत करते हुए गतिविधि समन्वित शिक्षण व्यवस्था के माध्यम से सारल्येन, 'जीवन कौशलों' को बच्चों में विकसित किया जा सकता है। गेयपद, कहानी, क्रीड़ा, वाद-विवाद प्रतियोगिता सदृश गतिविधियों के माध्यम से विद्यार्थियों के व्यक्तित्व पर सकारात्मक प्रभाव डाला जा सकता है। विजयेप्सुभाव बच्चों को निर्धारित नियमों के पालन, धैर्य के साथ अन्यों की बातों को सुनने, निर्णय लेने, तर्कसंगत चिन्तन करने परिस्थितियों का आकलन करने, सम्प्रत्यय निर्माण करने की योग्यता से सराबोर करता है। इस प्रकार औपचारिक शिक्षा, क्रीड़ा, वयोनुरूप शैक्षणिक प्रतियोगिताएँ (कहानी, वाद-विवाद, अन्त्याक्षरी, भाषण, चित्रकला) आदि बच्चों में जीवन कौशल विकसित करने हेतु प्रविधि के रूप में प्रयुक्त की जा सकती हैं।

सन्दर्भ ग्रंथ

1. राष्ट्रीय शिक्षा नीति 2020 : मानव संसाधन विकास मंत्रालय, भारत सरकार।
2. उ.प्र. के आकांक्षी जनपदों के विद्यार्थियों में जीवनकौशलों को प्रोत्साहित करनेवाले क्रियाकलापों का अध्ययन (2020): राज्य शिक्षा संस्थान, उ.प्र., प्रयागराज।

प्रारम्भिक शिक्षा तथा व्यक्तित्व विकास के विविध चरण

शिक्षा ज्ञानार्जन की प्रक्रिया को कहा जाता है। वस्तुत: जैविक चेतना के आरम्भ से मृत्युपर्यन्त शिक्षा की क्रिया चलती रहती है। अर्थात् जीवन और शिक्षा का सम्बन्ध अन्योन्याश्रित है। प्रत्येक प्राणी ज्ञान-पिपासु होता है। वह चेतना के साथ ही देखकर, सुनकर, स्पर्श कर तथा गंध ग्रहण करके सांसारिक वस्तुओं के विषय में जानकारी के लिए आतुर होता है। समाज के लोगों, जिनमें सर्वप्रथम माता परिगणित की जाती है, से वार्ता कर, उनके व्यवहार को देखकर तथा अनुभव कर वह समाज से सामंजस्य करना सीखता है। समाज के परिपक्व व्यक्ति, बच्चों में विद्यमान क्षमताओं को जानते हैं; इसलिए उन्हें सीखने में सहायता प्रदान करते हैं। किस समय किसको क्या सिखाना है, इसका भी उनके द्वारा निर्धारण किया जाता है। वे बच्चों को समाज, संस्कृति तथा जीवन कौशल का बोध कराते हैं और लिखना-पढ़ना सिखाते हैं। जो शिक्षा ग्रहण करता है वह ज्ञानेप्सु शिष्य तथा जो शिक्षित करता है वह ज्ञान-ज्ञापक शिक्षक कहलाता है।

शिक्षक का दायित्व बच्चों का सर्वांगीण विकास करना होता है। वह उन्हें समाज के अन्य व्यक्तियों से आत्मीयता स्थापित करने, प्रेम करने, यथासमय विरोध करने, समाज द्वारा स्वीकृत आचारों एवं मूल्यों को अपनाने, अमान्य आचरणों को अस्वीकारने की शिक्षा देता है। वह बच्चों को सुनने, बोलने, पढ़ने, अभिव्यक्त करने, लिखने और लिखकर तथा बोलकर अन्यों को बताने की कला तथा क्षमता से युक्त करता है। यहाँ यह जिज्ञासा हो सकती है कि श्रुतपरम्परा से जो ज्ञान प्राप्त हो सकता है उसके लिए लिखने तथा लिखित को सुरक्षित करने की क्या आवश्यकता है। इसका आचार्य रामचन्द्र शुक्ल ने बहुत ही उपयुक्त उत्तर दिया है। वे लिखते हैं, 'अध्ययन के द्वारा हम घर बैठे बड़े-बड़े धुरन्धर विद्वानों के गम्भीर विचारों को जान सकते हैं, संसार के प्राचीन महापुरुषों के सत्संग का लाभ उठा सकते हैं। अध्ययन के द्वारा हम ज्ञान के स्रोत तक बराबर पहुँच सकते हैं, चाहे ज्ञानदाता जिस स्थान पर हो और जिस काल

में हुआ हो। इस विषय में दिक् या काल कोई बाधा नहीं डाल सकता।'[1] स्पष्ट है कि पुस्तकें शिक्षा का उपयुक्ततम साधन हैं। पुस्तकों की रचना के लिए भाषायी विकास, लिपि तथा लिपिबद्ध करने के साधन अपेक्षित हैं। पुस्तकीय अध्ययन एकाकीपन को भी दूर करता है। यह वह कार्य है जो अध्येता को पुस्तक-लेखक के विचारों से अवगत कराता है। उसे साथियों के अभाव का साम्मुख्य नहीं करना पड़ता है। पठन-पाठन से आबाल-वृद्ध सभी आत्मिक तोष और मस्तिष्कीय पोष, प्राप्त करते हैं।

यह निर्विवाद मत है कि माता तथा दादी किसी भी बच्चे की प्रथम शिक्षिका होती हैं। वे उसे लेटना, दूध पीना, सोना, हँसना, खेलना, बात करना तथा सामाजिक होना सिखाती हैं। बच्चे को उसका नाम लेने पर प्रतिक्रिया व्यक्त करना सिखाती हैं। वे उसे बाबा, बाबाजी, दादी, दादीजी तथा चाचा आदि कहना सिखाती हैं। उसे शौच जाने, स्नान करने तथा इसी क्रम में विद्यालय जाना सिखाती हैं।

उल्लेखनीय है कि बच्चों को शिक्षा देने में तथ्यों के बोध को ही महत्त्व नहीं दिया जाता है; बल्कि उनमें उत्साह का संचार करने, ज्ञानार्थ बुभुक्षु बनाने तथा समाज के साथ आत्मीयता स्थापित करने की लालसा समुत्पन्न करने को बल प्रदान किया जाता है। इसके लिए आवश्यक है कि व्यक्तित्व विकास की विभिन्न अवस्थाओं और मनोवैज्ञानिक विकास के क्रम को जाना जाए। प्रत्येक आयु की कतिपय शारीरिक, मानसिक तथा सामाजिक विशेषताएँ होती हैं जिसे शिक्षक को अवश्य जानना चाहिए। ये वैशिष्ट्य स्वाभाविक रूप से आयुविशेष में परिलक्षित होते हैं। शिक्षकों को छात्रों के साथ व्यवहार करते समय इस तथ्य पर ध्यान देना चाहिए कि विद्यार्थी विशेष का आचरण इन वयोजन्य विशेषताओं से कितना तथा किस दिशा में विचलन दर्शाता है; क्योंकि इसके आधार पर उनकी प्रतिभा अथवा मानसिक मन्दता का आकलन सरलता से किया जा सकता है।

परिवर्तन, निरन्तरता से परिपूर्ण प्रकृति का शाश्वत नियम है। इसी क्रम में मानवीय शारीरिक वृद्धि, मानसिक विकास, मनोदैहिक गत्यात्मकता आदि भी परिवर्तन के नैरंतर्य से अनुप्राणित हैं। आकार तथा मात्रा में होनेवाले स्वरूपगत विस्तार को वृद्धि तथा गुणात्मक परिवर्तन की अवस्थिति को विकास कहा जाता है। इस वृद्धि तथा विकास में दृष्टिगत होनेवाली न्यूनता या ह्रास को 'क्षरण' कहा जाता है। जीवन में जन्म तथा मृत्यु के मध्य शारीरिक वृद्धि के साथ ही कुछ अवश्यम्भावी मानसिक तथा मनोदैहिक परिवर्तनों के घटित होने की प्रवृत्ति पाई जाती है। आयु की निश्चित अवधि गें विशेष प्रकार की शारीरिक तथा मानसिक विशेषताएँ न्यूनाधिक रूप में प्रायः सभी व्यक्तियों में परिलक्षित होती हैं। जिसे सुव्यवस्थित करके विचारकों ने विविध विशेषताओं वाली जीवनावधि को विभक्त करके व्यक्तित्व विकास के विभिन्न चरणों को प्रस्तुत किया है। एलिजाबेथ बी. हरलाक ने जीवन विस्तार के विभिन्न सोपानों का क्रम निम्नवत् दिया है—

1. आचार्य रामचन्द्र शुक्ल (2003), आदर्श जीवन, शान्ति प्रकाशन, इलाहाबाद, पृ. 121-22

1. गर्भकालीन अवस्था : गर्भाधान से जन्म तक
2. शैशवावस्था : जन्म से दो सप्ताह तक
3. बचपना : दो सप्ताह के पश्चात् दो वर्ष के पूर्ण होने तक
4. पूर्व बाल्यावस्था : दो से छह वर्ष तक
5. उत्तर बाल्यावस्था : छह वर्ष से दस या बारह वर्ष तक तक
6. वय:सन्धि या पूर्वकिशोरावस्था : दस या बारह से तेरह या चौदह वर्ष तक
7. किशोरावस्था : तेरह या चौदह वर्ष से अठारह वर्ष तक
8. पूर्व प्रौढ़ावस्था : अठारह से चालीस वर्ष तक
9. मध्यावस्था : चालीस से साठ वर्ष तक
10. वृद्धावस्था या वार्धक्य : 60 वर्ष से मृत्यु तक

कुछ मनोवैज्ञानिकों ने छह अवस्थाएँ तो कुछ ने आठ चरणों में जीवन विकास को विभक्त कर समझाने का प्रयास किया है, लेकिन आयुगत वर्णित वैशिष्ट्य लगभग समान ही हैं। सिगमण्ड फ्रायड ने कामशक्ति या लिबिडो को केन्द्र में रखकर बीस वर्ष तक की अवस्था को निम्नांकित पाँच भागों में प्रस्तुत किया है—

1. मौखिक अवस्था : जन्म से लेकर अठारह माह या 1½ वर्ष तक
2. गुदावस्था : मुखकामावस्था की उत्तरावस्था (8 माह से 1½ वर्ष) से 3 या 4 वर्ष तक
3. शैश्नावस्था : 3 या 4 वर्ष से 6 या 7 वर्ष तक
4. अव्यक्तावस्था : 6 वर्ष से 12 वर्ष तक
5. जनन अवस्था : 12 वर्ष से 20 वर्ष तक

फ्रायड के मनोविश्लेषणात्मक सिद्धान्त की सर्वाधिक आलोचना हुई है, लेकिन विरोधाभास यह है कि व्यक्तित्व को समझने के लिए स्थापित विशद सिद्धान्तों का जब भी उल्लेख किया जाता है तब फ्रायड का नाम बड़े ही आदर और गौरव के साथ लिया जाता है।

एडलर, इ. फार्म, युंग, पावलोव, वैण्डूरा तथा सुल्लीवन आदि द्वारा भी व्यक्तित्व को प्रभावित करनेवाले कारणों का विश्लेषणात्मक सिद्धान्त प्रस्तुत किया गया है। युंग द्वारा विकास की विभिन्न अवस्थाओं का उल्लेख फ्रायड की भाँति नहीं किया गया है। उनके अनुसार लिबिडो पाँच वर्ष की आयु तक आकार ग्रहण करता है जो कैशोर्य काल में परिपक्व रूप में प्रकट होता है। किशोरावस्था के पश्चात् लगभग पैंतालीस वर्ष तक का काल सांस्कृतिकोन्मुखता का होता है। तदनन्तर मध्यावस्था में बाह्य जगत् के चाकचिक्य से हटकर व्यक्ति आध्यात्मिकता, धार्मिकता तथा दार्शनिकता की ओर अग्रसर होता है। यह आध्यात्मिक प्रवृत्ति जीवन के उत्तरार्ध

में और अधिक बलवती हो जाती है। फ्राम ने सिगमण्ड फ्रायड के मत का खंडन किया। उन्होंने माना कि बाल्यकाल का लैंगिक अनुभव नहीं बल्कि कौटुम्बिक वातावरण बच्चे के व्यक्तित्व का निर्माता और निर्धारक होता है। स्पष्ट है कि उनके द्वारा व्यक्तित्व के निर्माण में बच्चों की अन्तर्निहित मनोवृत्ति के स्थान पर बाह्य परिवेशीय कारकों को अधिक महत्त्वपूर्ण माना गया है। सुल्लीवान ने फ्रायड द्वारा विवृत लैंगिक मूल प्रवृत्ति के स्थान पर सामाजिक एवं मनोवैज्ञानिक दृष्टिकोण को अधिक महत्त्व प्रदान किया है। उनके द्वारा व्यक्तित्व विकास की निम्न छह अवस्थाओं का उल्लेख किया गया है—

1. शैशवावस्था
2. बाल्यावस्था
3. तारुण्य
4. पूर्व किशोरावस्था
5. प्रारम्भिक कैशोर्य
6. उत्तर कैशोर्य

इसी प्रकार नव्य फ्रायडवादियों में एरिक एरिक्सन के द्वारा मनोलैंगिक विकास को स्वीकारते हुए मनस्सामाजिक विकास की आठ अवस्थाओं का उल्लेख किया गया है। प्रत्येक अवस्था की कुछ विशेषताएँ होती हैं जिनका विकास सामाजिक अनुभूतियों द्वारा होता है। प्रत्येक चरण की नैसर्गिक विशेषताओं के केन्द्र में वयोजन्य विधेयात्मक तथा निषेधात्मक मानसिक वैशिष्ट्य होता है जो सामाजिक पोषण प्राप्त कर व्यक्तित्व को उपयुक्त तथा अनुपयुक्त बनाता है। इसका विवरण निम्नवत् है—

क्रम सं.	**अवस्थाएँ**	**विधेयात्मक वैशिष्ट्य**	**निषेधात्मक वैशिष्ट्य**
1.	जन्म से 2 वर्ष तक	विश्वास	अविश्वास
2.	3 से 4 वर्ष तक	स्वतंत्रता	सन्देह
3.	5 से 6 वर्ष तक	आत्मबल	अपराधभाव
4.	7 से 12 वर्ष तक	परिश्रम	हीनता
5.	13 से 18 वर्ष तक	पहचान	भूमिका द्वन्द्व
6.	19 से 35 वर्ष तक	घनिष्ठता	अलगाव
7.	36 से 55 वर्ष तक	सर्जनात्मकता	निष्क्रियता
8.	56 वर्ष और उससे अधिक	ईमानदारी	निराशा

एरिक्सन के सिद्धान्त की यह आलोचना की जाती है कि विकास की अवस्थाओं के बीच कोई सीमा रेखा नहीं की जा सकती, इन अवस्थाओं

में आच्छादन होता है। फिर भी यह सिद्धान्त महत्त्वपूर्ण है।[1]

अस्तु। मनोविश्लेषणात्मक तथा मनस्सामाजिक दृष्टि से मनोवैज्ञानिकों तथा समाजशास्त्रियों द्वारा जन्म से मृत्यु तक की जीवनावधि को विविध सोपानों में अभिवर्णित किया गया है, जिसे निम्नवत् परिगणित किया जा सकता है—मुखकामावस्था, गुदकामावस्था, प्रजनन कामावस्था, गुप्तकामावस्था, किशोरावस्था, पूर्व-प्रौढ़ावस्था, मध्य-प्रौढ़ावस्था तथा उत्तर-प्रौढ़ावस्था।

मुखकामावस्था (Oral Stage)

जन्म के पश्चात् बच्चे का जीवन पराश्रयता से आरम्भ होता है। वह 'स्व' या 'अहम्' से रहित होता है। शनैः-शनैः वह अपनी माता के साथ सहजीविता की स्थिति बनाता है। माता उसका पालन-पोषण करती है। वह उसी के साथ सहजीवी स्थिति बनाना सीखता है जिसमें एक या दो सप्ताह का समय लग जाता है। वह भाव तथा अभाव के अवबोध का आरम्भ भी इसी अवस्था में करता है। वह माता के स्तन का पान करता है। उसे अंगुलि पकड़ा दे तो उसे भी चूसता है। माता का स्तन हो या अंगुलि या तदाकार कोई अन्य वस्तु भी वह मुँह में लेकर चूसता है जिससे उसे दुग्ध मिले, परन्तु जब दुग्ध प्राप्त नहीं होता है तब वह क्रन्दन करता है। यह प्रथम अवस्था होती है जब वह अभाव का अनुभव करता है जो उसके 'अहम्' के विकास का आधार होता है। जब वह दुग्धपान के साथ ही अँगूठा आदि को चूसता है तो उसका आनन्द द्विगुणित हो जाता है। यदि बच्चा खाली अँगूठा चूसता है और रोता नहीं है तो इस चोष को बच्चे के लिए आनन्ददायी कार्य माना गया है। फ्रायड ने इसे कामुक-वृत्ति माना है।[2] यह भी माना जाता है कि बच्चे की दुग्धपान की बुभुक्षा और इसके लिए अवसर की प्राप्ति के मध्य का समय उसमें इच्छा का जनन करती है। इसी प्रकार इच्छा-पूर्ति के द्वारा उसमें तोष का भाव समुत्पन्न होता है। इस प्रकार बच्चा मुखकामावस्था में आवश्यकता, उसकी पूर्ति और सन्तोष के क्रम का प्रत्यक्षीकरण करता है। यद्यपि यह कार्य चेतना की दृष्टि से अत्यन्त क्षीण रूप में होता है; तथापि व्यक्तित्व के नियामक अचेतन स्तर पर निश्चित रूप से इसका प्रारम्भ अत्यन्त प्रभावी होता है।

---

1. डॉ. मधु अस्थाना एवं डॉ. किरन बाला वर्मा (2003) : व्यक्तित्व मनोविज्ञान : मोतीलाल बनारसी दास, बंगलो रोड, नई दिल्ली, पृ. 101
2. Sometimes an infant introduces his finger along with the nipple, apparently for double pleasure. It is his pleasure sucking (sometimes called "empty sucking") that Freud regarded as erotic.

   Norman Cameron: Personality Development and Psychopathology. (1963) : Feffer and Simons International University, Editions, New York, p. 42

वर्णित अवस्था का बच्चा प्राय: ग्रहण किए हुए दुग्धादि पदार्थ को थूकता है या वमन क्रिया द्वारा उत्सर्जित करता है। मनोवैज्ञानिकों ने व्याख्यायित कर यह निष्कर्ष निकाला है कि इस क्रिया द्वारा बच्चा इस तथ्य का भान करता है कि उसके पास कुछ है जिसे वह बाह्य जगत को दे सकता है। जो अभिभावक बच्चों के थूकने या वमन करने की क्रिया को सहज रूप में लेते हैं उनके पाल्य परिपक्वावस्था में अपने ज्ञान का प्रस्तुतीकरण उन बच्चों की अपेक्षा अच्छा करते हैं जिन्हें इस 'वमन-क्रिया' पर प्रताड़ना का शिकार होना पड़ता है।

मुखकामावस्था में ही बच्चा आँख और हाथ के कार्यों में समन्वय स्थापित करना सीखता है। आरम्भ में तो उसका कार्य केवल मुख ही करता है; लेकिन मुँह की पकड़ की परिधि से बाहर होने तथा आँखों के द्वारा पकड़ने में असमर्थ होने की स्थिति में हाथ से कार्य करता है। इस प्रकार वह एक अंग के साथ अन्य अंगों का समन्वय स्थापित करने का अधिगम करता है।

निष्कर्ष रूप में कहा जा सकता है कि प्रथमवर्षीय शैशवकाल में बच्चों का प्रभावी अंग मुँह होता है। फ्रायड तथा तत्समर्थकों द्वारा इस काल को मुखकामावस्था के नाम से अभिहित किया गया है। इस अवस्था में शिशु का सम्पूर्ण शरीर अत्यधिक संवेदनशील होता है जिसके फलस्वरूप उसको स्पर्श करने पर उसे सुखानुभूति होती है। फ्रायड तथा उसके अनुयायियों द्वारा विश्वास किया जाता है कि जब बच्चा माता का दूध पीता है तो उसे आनन्द का अनुभव होता है। मुखकामावस्था के उत्तरार्ध में अर्थात् सातवें, आठवें माह में बच्चों का दाँत निकलना आरम्भ होता है। उसे काटने का मन करता है। इसी अवस्था में उसमें स्वरति तथा आत्मसम्मोह (Auto-erotic and narcissism) का भाव देखने को मिलता है। प्रो. राजारामशास्त्री ने इस अवस्था की मनोवैज्ञानिक व्याख्या प्रस्तुत करते हुए मत व्यक्त किया है कि माता बच्चे के काटने पर अपने स्तन को हटा लेती है और अनेक उपाय ऐसे करती है जिससे वह काट न सके। कभी-कभी इस प्रसंग में वह उसे दंड भी देती है। इसके परिणामस्वरूप बच्चे को अपनी तकलीफ अपने अन्दर ही झेलनी पड़ती है और दूसरे लोगों की असहायक मनोवृत्ति के कारण उसे जो क्रोध होता है, उसे भी वह अपने सिवाय किसी और पर उतार नहीं सकता। इस प्रकार उसके अन्दर आत्मपीड़न प्रवृत्ति का उदय होता है जिसका अर्थ यह है कि जब मनुष्य किसी बाहरी वस्तु को अपनी पकड़ में नहीं पाता तो अपने को ही पीड़ा देने में सुख का अनुभव करता है।[1] लगभग चार माह की आयु का शिशु अपने पालकों को देखकर हँसता है। वह वस्तुएँ मुँह में डालकर चूसता है। सातवें अथवा आठवें माह से बाबा, मामा आदि बोलना आरम्भ करता है। दाँत निकलने के बाद वस्तुओं को मुँह में लेकर

1. डॉ. रमाशंकर शुक्ल (1983) : व्यक्तित्व का विकास : आलोक प्रकाशन, शास्त्रीनगर, वाराणसी की भूमिका; राजारामशास्त्री, पृ. 'ज'

काटता है। चलना तथा बात करना सीखता है। माता के साथ सहजीविता और एकमेवता स्थापित कर आनन्द के साथ अपने 'इड' और 'अहम्' को विकसित करता है। इस प्रकार बाह्य जगत से तादात्म्य स्थापित करते हुए व्यक्तित्व का विकास करता है।

गुदकामावस्था (Anal Stage)

बच्चा जन्म के पश्चात् दूसरे वर्ष से सहजीविता से स्वतंत्रता की तरफ अग्रसर होता है। वह अपने पर विश्वास करने की प्रवृत्ति को विकसित करता है। वह मल त्यागने और जानबूझकर न त्यागने के कार्यों को करते हुए आनन्दित होता है। मुखकामावस्था के पश्चात् आरम्भ होनेवाली इस अवस्था के लक्षण प्रायः तीन वर्ष की आयु तक दृष्टिगत होते हैं। फ्रायड के अनुसार बच्चे का लैंगिक आनन्द मुख से हटकर गुदा में आ जाता है। वह गुदा परित्याग तथा गुदा धारण दोनों ही प्रक्रियाओं में लैंगिक आनन्द का अनुभव करता है। इस आयु में बच्चों को मलमूत्र विसर्जन के कठोर नियमों को बताया जाता है। बच्चा जब उसका अनुपालन नहीं कर पाता है तो उसमें कुंठा और नैराश्य का जनन होता है। यदा-कदा वह उठने-बैठने तथा भोजन करने के स्थान पर अथवा किसी अन्य अनुपयुक्त स्थान पर मल त्याग कर देता है। वह अनुचित स्थान के साथ-साथ अनुपयुक्त समय में भी मलोत्सर्जन की क्रिया को दर्शाता है। वस्तुतः ऐसा करके वह अपने पालकों के ध्यान को आकर्षित करने की कोशिश करता है; परन्तु अधिकांश अभिभावक उसे कठोरता से नियंत्रित करने का प्रयत्न करते हैं। इस प्रकार का नियंत्रण बच्चे के स्वाभाविक विकास में बाधक होता है। नियंत्रणाधिक्य उसको कुंठा की तरफ ले जाता है जिसकी अतिशयता या तो उसे उद्दंड बनाती है या इतना विनीत कि वह नेतृत्व क्षमता से सर्वथा विरहित अनुसरणकर्ता बन जाता है। परिपक्वावस्था में उसे अपने अभिमत को दृढ़ता से व्यक्त करने में कठिनाई होती है।

यद्यपि इस आयुवर्ग का बच्चा स्वातंत्र्योन्मुख होता है, तथापि विषम परिस्थितियों में तनावग्रस्तता को दूर करने के लिए माता के पास ही दौड़कर जाता है। यह संक्रमणकाल है जब 'अहम्' के निर्माण के साथ-साथ मातृ-प्रेम भी बना रहता है। जब वह वस्तुओं को बिखेर देता है, अपने को मिट्टी आदि से मलिन कर लेता है तब उसके साथ अभिभावक द्वारा किया जानेवाला व्यवहार नितान्त महत्त्वपूर्ण हो जाता है। सम्यक् व्यवहार की स्थिति में वह आत्मनियंत्रण की प्रवृत्ति तथा तदाधृत उत्तम-स्व के विकास की आधारशिला स्थापित करता है।

ध्यातव्य है कि गुदकामावस्था के बच्चों के साथ अत्यधिक संयमित व्यवहार करना चाहिए; क्योंकि माता-पिता के कठोर व्यवहार के कारण जब बच्चा अपने

स्वाभाविक मलत्याग को भयवश रोकने के लिए विवश होता है तब उसमें मानवीय त्याग के भाव भी प्रशमित हो जाते हैं। नार्मन कैमरान का मत है कि बढ़ती उम्र के साथ हठ, कृपणता तथा संकुचित चरित्र उसके व्यक्तित्व का अंग बन जाते हैं। वह दूसरों को परेशान करने की आदत विकसित कर लेता है। जिस प्रकार उसके माता-पिता उसे नियंत्रित करके हताश किए रहते हैं उसी प्रकार से परिपक्वावस्था में वह दूसरों को व्यग्र तथा नियंत्रित करने के लिए विवादास्पद नियमों और आज्ञाओं को प्रवर्तित करता है।[1] स्पष्ट है कि माता-पिता तथा अन्य अभिभावकों को इस मनोवैज्ञानिक तथ्य को ध्यान में रखते हुए बच्चों के साथ व्यवहार करना चाहिए। तीन वर्ष की उम्र के सन्निकट पहुँचने अर्थात् पूर्व 'इडिपल' अवस्था में वह बड़ों का अनुकरण करना सीखने लगता है। वह माता के अतिरिक्त अन्य कुटुम्बिजनों तथा सम्बन्धियों से प्रेम करना सीखता है। वह खेलने तथा बोलने की कला सीखने में रुचि लेता है। व्यक्तित्व-वर्धन के इस चरण में उसका अहम् तथा उत्तम-स्व सम्यक् रूप से विकसित होने लगता है। प्रेमपूर्ण व्यवहार करने पर इस वयोवर्ग का शिशु अपने पालकों को शौच की आवश्यकताओं को बताता है। शरीर के अंगों जैसे आँख, कान, नाक आदि को पूछने पर स्पर्श कर दिखाता है तथा अस्पष्ट या स्पष्ट भाषा में बोलकर बताता है। छोटे-छोटे वाक्यों को बोलता है। अपना खिलौना माँगता है। बड़ों का अनुकरण करता है जिससे उसका समाजीकरण होने लगता है।

प्रजनन कामावस्था (Oedipal Stage)

सामान्यतः तीन वर्ष की अवस्था से छह वर्ष की अवस्था तक का काल प्रजनन कामावस्था का माना जाता है। यद्यपि ऐसा नहीं होता है कि तीन वर्ष तक गुदकामावस्था के लक्षण समाप्त हो जाएँ और इडिपल की विशेषताएँ पूर्ण रूप से परिलक्षित होने लगें। वस्तुतः किसी भी चरण की मनोवृत्तियाँ एक निश्चित तिथि को समाप्त नहीं हो जाती हैं; प्रत्युत एक चरण से दूसरे में प्रवेश के संक्रमण काल में एक-दूसरे की विशेषताओं को अतिव्याप्त करती हैं। यही कारण है कि गुदकामावस्था की प्रवृत्तियाँ न तो तीन वर्ष की उम्र में अकस्मात् लुप्त हो जाती हैं और न इडिपल के लक्षण तत्क्षण लक्षित होने लगते हैं; बल्कि इस अवधि में दोनों चरणों की प्रवृत्तियों

1. A person grows to adulthood with a well recognized cluster of characteristics. He is unrasonably obstinate, parsinonious and constricted. He often frustrates and controls others through invoking orbitrary rules and laws, just as his parents once frustrated him and arbitrarily controlled him.

    Norman Cameron : Personality Development and Psychopathology. (1963) : Feffer and Simons Internation University, Editions, New York, p. 64

की उपस्थिति न्यूनाधिक रूप में दृष्टिगत होती है। इडिपल अवस्था में बच्चे की रुचि अपनी जननेन्द्रियों में होती है। वह विपरीतलिंगी पालक के प्रति आकर्षित होता है। लड़का माता तथा लड़की पिता की तरफ आकर्षित होती है। मनोवैज्ञानिकों ने लड़के के माता के प्रति इस आकर्षण को मातृमनोग्रंथि तथा पिता के प्रति पुत्री के आकर्षण को पितृ-मनोग्रंथि के अभिधान से अभिहित किया है। इस मातृमनोग्रंथि को प्राय: सभी मनोवैज्ञानिकों ने स्वीकारा है; लेकिन इसके कारण तथा निदान के विषय में उनमें मतैक्य नहीं है।

इस आयु वर्ग के बालक-बालिका प्रौढ़ों की भाँति पुरुष तथा स्त्री में भेद नहीं कर पाते हैं। ऐसी धारणा है कि उनके द्वारा यही निष्कर्ष निकाला जाता है कि कुछ लोगों के पास जननांग होते हैं तथा कुछ के पास इसका अभाव होता है। वे इस प्रकार की धारणा भी बनानेवाले माने जाते हैं कि जिसके पास यह शिश्न नहीं है उसका लुप्त हो गया है। एक बालक डरता है कि कहीं उसका भी लुप्त न हो जाए, जिसे मनोवैज्ञानिकों ने बधियाकरण की दुश्चिन्ता (Castration anxiety)के रूप में व्याख्यायित किया है। यदा-कदा अभिभावक बालक के साथ खेलते हुए उनसे कहते भी हैं कि इसे तो काट दिया जाएगा। इस प्रकार के परिहासात्मक वाक्य से बालक की दुश्चिन्ता और बढ़ जाती है। सामान्यत: बालिका की चिन्ता इस विषय में बालक से अधिक होती है; क्योंकि उसे लगता है कि उसके साथी (बालक) के पास एक अंग (शिश्न) है जो उसके पास नहीं है। इसके लिए प्राय: लड़कियाँ अपनी माँ से शिकायत भी करती हैं। वे अपने को वंचना का शिकार भी मान सकती हैं। मनोवैज्ञानिकों ने इस आंगिकवंचना की दुश्चिन्ता को 'स्त्री-बधियाकरण चिन्ता' के रूप में वर्णित किया है। यद्यपि यह स्वीकृत सत्य है कि बालक माता से लगाव रखता है तथा बालिका पिता के प्रति आकर्षित होती है और दोनों अपने समलिंगी अभिभावक के प्रति ईर्ष्या व्यक्त करते हैं; तथापि बालिका अपनी माँ से भी कम प्रेम नहीं करती है। पुत्र भले ही पिता से द्वेष रखता है, परन्तु पुत्री माता से उस सीमा तक दुराव नहीं रखती है।[1]

अभिभावकों तथा पूर्वप्राथमिक कक्षाओं के शिक्षकों को इस सहज मनोवृत्ति को ध्यान में रखते हुए बच्चों के साथ व्यवहार करना चाहिए। उनके द्वारा उन्हें आत्मीयता के साथ मानसिक समर्थन दिया जाना चाहिए। ऐसा माना जाता है कि इस उम्र का बच्चा जितना ही अपनी दुश्चिन्ताओं से मुक्त रहेगा या उनका मानसिक समाधान प्राप्त करने में सफल होगा वह उतना ही अपने 'अहम्'

1. It is said that the girl never gives up her love of her mother as an object, but remains to a greater degree ambivalent toward her mother than the boy does toward his father. Her affection for her mother likewise increases her guilt over the hatred and contempt she feels.
—Norman Cameron : Personality Development and Psychopathology. (1963); Feffer and Simons

को सुसंगठित कर पाएगा। उसकी प्रतिरक्षात्मक-संरचना भी उतनी ही सन्तुलित तथा सुदृढ़ होगी।

इडिपल चरण की उत्तरावस्था तक बच्चे लड़के और लड़की को पहचानने लगते हैं। अन्य लोगों के साथ वार्ता करने में रुचि लेते हैं। कपड़ों में बटन बन्द करना तथा खोलना सीख लेते हैं। अपने बालों में कंघी करना आरम्भ कर देते हैं। पास-पड़ोस तथा घरेलू वस्तुओं के बारे में जानकारी करने की इच्छा व्यक्त करते हैं। अपनी आयु के बच्चों की बातों को समझते हैं। उनसे दोस्ती करते हैं।

मानवीय व्यक्तित्व-विकास के आरम्भिक छह वर्ष तक की आयु को कतिपय मनोवैज्ञानिकों ने निम्नवत् भी व्याख्यायित किया है—

शैशव—जन्म से लेकर दो सप्ताह की आयु तक।

बचपन—दो सप्ताह के पश्चात् से आरम्भ होकर दो वर्ष की आयु तक।

आरम्भिक बाल्यावस्था—दो से छह वर्ष तक।

शैशवावस्था मूलतः शारीरिक विकास की अवस्था है। इस अवस्था में बच्चे का रोना तथा चीखना उसकी दैहिक तथा मानसिक दोनों ही क्षमताओं को पुष्ट करता है। वह अपने पालन-पोषण की क्रियाओं, सोने-जागने, खाने-पीने, बड़ों से प्राप्त दुलार से अपने शारीरिक और मानसिक क्रियाकलापों में एक प्रकार की नियमितता का अनुसरण करने लगता है। इस अवधि में यदि उसे अनुपयुक्त व्यवहार तथा परिस्थितियों का सामना करना पड़ता है तो यह शिशु के व्यक्तित्व पर विपरीत प्रभाव डालता है।

शैशवकालीन परिस्थितियों से समुत्पन्न कार्यकलापों की गत्यात्मकता आदतों का निर्माण करती है। ये आदतें शनैः-शनैः बचपन में सोचने तथा धारणा-निर्माण के बीज का वपन करती हैं। बच्चा अपने व्यवहार एवं समायोजन में कतिपय आदतों का प्रदर्शन करने लगता है। वह सम्पर्क में आनेवाले व्यक्तियों से प्रभावित होकर भावी जीवन की सामाजिकता को सीखना आरम्भ कर देता है। संवेदनात्मक, प्रेरणात्मक तथा मनोरंजनात्मक क्रीड़ाएँ उसके व्यक्तित्व को विकसित करती हैं। प्रथम वर्ष में शारीरिक तथा द्वितीय वर्ष में मानसिक आघातों का भय अधिक होता है। प्रथम वर्ष में माता-पिता, शारीरिक पोषण पर अधिक बल देते हैं। एक वर्ष तक के बच्चों को उठने, बैठने तथा चलने में पूर्ण परिपक्वता विकसित न होने के कारण गिरने और चोट से ग्रस्त होने का खतरा बना रहता है। एक वर्ष की आयु पूर्ण होते-होते यह संकट कम होने लगता है। वह दूसरे वर्ष में दौड़ने तथा अपने भावों को प्रकट करने लगता है। यहाँ उल्लेखनीय है कि जिन बच्चों के प्रेरक-अंग, मन्द गति से विकसित होते हैं वे अपने साथियों से सामाजिक जीवन में पिछड़ने लगते हैं। वे माता-पिता द्वारा कम मात्रा में स्वतंत्रता दिए जाते हैं। इस स्थिति में वे साथी-समूह में अपने को पिछड़ा अनुभव करने लगते हैं जिससे व्यक्तित्व में कुंठा का अंकुरण होने लगता है। इन विशेषताओं को दृष्टिगत करते हुए मनोवैज्ञानिकों का मानना है कि बच्चा

जीवन के प्रथम वर्ष में दूसरे वर्ष की अपेक्षा अधिक प्रसन्न रहता है। दूसरा वर्ष अपेक्षाकृत कम आनन्ददायी होता है।[1]

द्वितीय वर्ष के पूर्ण होने के बाद छठे वर्ष तक का काल जिसे आरम्भिक बाल्य काल कहा जाता है की अवस्था में बच्चा अपने परिवेश से तादात्म्य स्थापित करते हुए सीखने की तरफ तीव्रता से अभिमुख होता है। वह सुखद एवं दुखद परिस्थितियों का अनुभव करता है तथा उससे सीखता है। वह प्रयत्न एवं भूल, सफलता एवं विफलता तथा सहयोगी लोगों से जानकारी प्राप्त कर उचित-अनुचित तथा अच्छे-बुरे में भेद करना सीखने लगता है। यही कारण है कि व्यक्तित्व में आदतों, मनोवृत्तियों तथा शीलगुणों के संस्कार को आविर्भूत करनेवाली अवस्था के रूप में इस काल को जाना जाता है। इस अवधि में समाजीकरण तीव्रता से होता है। ऐसे में यदि उसे बोलने में कठिनाई होती है अथवा चलने या देखने में दुर्बलता का साम्मुख्य करना पड़ता है तो उसे सामाजिक सामंजस्य में कठिनाई का अनुभव होता है। यह स्थिति उसकी प्रसन्नता को कम करती है जिसका परिणाम बाल-मन को झकझोरता है तथा उसे दूषित और दुर्बल करता है।

गुप्तकामावस्था (Latency Stage)

यह काल छह वर्ष से लेकर बारह वर्ष तक का माना जाता है। इस चरण में बच्चा आत्मप्रेम की अपेक्षा बहिर्ज्ञान में रुचि लेना आरम्भ करता है। शैशविक कामुकता पर सामाजिक मूल्य प्रभावी होने लगते हैं। फलतः यौन-इच्छा दमित होकर अचेतन में चली जाती है। 'परम-अहम्' का तीव्रता से विकास होता है। बच्चा साथियों में स्थान बनाने तथा समाज में अच्छा दिखने के लिए तड़प उठता है। कामेच्छा का बहिर्गमन प्रतिक्रियात्मक रूप में होता है जिसकी परिणति 'प्रतिक्रिया-निर्माण' रूपी प्रतिरक्षात्मक युक्ति के रूप में परिलक्षित होती है।

यह वह अवस्था है जिसमें बच्चे अत्यधिक जिज्ञासु होते हैं। यदि उन्हें प्रेमपूर्ण वातावरण में नई चीजें सिखाई जाती हैं तो वे उसे बड़ी रुचि के साथ सीखते हैं। यदि इस स्थिति में विचलन परिलक्षित होता है तो इसका तात्पर्य होगा कि बच्चा अभी 'इडिपस ग्रंथि' से मुक्त नहीं हुआ है। 'इडिपस ग्रंथि' से मुक्त न होने के परिणामस्वरूप बच्चे की स्मरण शक्ति दुष्प्रभावित होती है और उसका पढ़ने-लिखने में मन कम लगता है। प्रो. रमाशंकर शुक्ल का कहना है—"प्रायः वे बच्चे जिनका कि इडिपस कॉम्प्लेक्स दूर नहीं हुआ रहता, अपने अध्यापकों को भी अभिभावकों जैसा ही शत्रु

---

1. For almost all babies, the second year of life is far less happy than the first.

   —Elizabeth B. Hurlock. Developmental Psychology. (Fourt Edition) p. 87

समझ लेते हैं और फलतः अध्ययन में अरुचि रखते हैं।"[1] शिक्षकों को इसे समझते हुए बच्चों के साथ प्रेमपूर्ण व्यवहार करना चाहिए क्योंकि वे घर से बाहर विद्यालय के नये वातावरण में आते हैं। इस समय यदि उन्हें साथियों, शिक्षकों अथवा किसी अन्य के साथ व्यवहार में असमायोजन का साम्मुख्य करना पड़ता है तो उनमें हीनभावना आ जाती है जो उनके परिश्रमी होने की प्रवृत्ति में बाधक होती है। वे अन्यमनस्कता को दर्शाते हुए परिश्रम की प्रवृत्ति से दूर होते जाते हैं तथा पराश्रयी होने लगते हैं। फलस्वरूप वे नवजीवन कौशलों को सरलतया नहीं सीख पाते हैं। अतः शिक्षक को चाहिए कि बच्चों के साथ आत्मीयतापूर्ण व्यवहार करते हुए उन्हें भूल और सुधार के माध्यम से सीखने के अवसर उपलब्ध कराए। तात्पर्य यह है कि भूल होने पर उन्हें प्रताड़ित न करे बल्कि इसे सामान्य घटना बताते हुए उनको सीखने में सहायता करे।

शिक्षाविदों द्वारा इसे आरम्भिक शिक्षा की अवस्था कहा गया है तो मनोवैज्ञानिकों के एक वर्ग द्वारा उत्तर-बाल्यकाल या गिरोह की उम्र से प्रख्यापित किया गया है। इस अवस्था का बालक अपने 'हमउम्र' साथियों से अपने व्यवहार की स्वीकृति चाहता है। वह अपनी परिपक्वता तथा स्वतंत्र-सोच को व्यक्त करने के लिए लालायित रहता है। इस भाव को प्रदर्शित करने के लिए वह यदा-कदा साथियों के साथ तथा घर और समाज में दुर्व्यवहार भी करता है। वह सामाजिक मूल्यों, परम्पराओं तथा नैतिक नियमों के प्रति प्रतिबद्धता को प्रदर्शित करने की चेष्टा में रत रहता है। स्पष्ट है कि समाज से स्वीकृति मिलने पर उसका आत्मविश्वास बढ़ता है। इसके विपरीत तिरस्कार की घटनाएँ उसमें हीनभावना भरती हैं जिससे उसके व्यक्तित्व के दुर्बल होने तथा समाज विरोधी होने की सम्भावना उत्पन्न हो जाती है।

किशोरावस्था (Adolescence)

बारह वर्ष की आयु तक गुप्तकामावस्था की प्रवृत्तियाँ तिरोहित होने लगती हैं और किशोरावस्था के लक्षण दृष्टिगत होने लगते हैं। कैशोर्य के लक्षण, सामान्य परिस्थितियों में अठारह वर्ष की उम्र तक विद्यमान रहते हैं। मानव जीवन का सर्वाधिक झंझावातों से भरा यही काल है। चिन्तकों का अभिमत है कि इस काल में व्यक्तित्व विकास के सभी चरणों की विशेषताएँ परिलक्षित होती हैं। मुखकामावस्था के 'आत्मरति' के भाव की भाँति उसमें दर्पण के समक्ष अपने को रखकर अपने सौन्दर्य को देखने की प्रवृत्ति पाई जाती है तो गुदकामावस्था सदृश स्वातंत्र्य उसमें दर्शित होता है। इडिपल अवस्था की तरह विपरीतलिंगी के प्रति आकर्षण तो इस अवस्था में आतिशयिक रूप से प्राप्त होता है। गुप्तकामावस्था के बच्चों की तरह बालक तथा बालिका

1. डॉ. रमाशंकर शुक्ल (1983) : व्यक्तित्व का विकास : आलोक प्रकाशन, एल 6/56 शास्त्रीनगर, वाराणसी, पृ. 52

स्वलिंगी व्यक्तियों से मित्रता स्थापित करते हैं। स्वलिंगी व्यक्तियों को ही वे आदर्श मानते हैं। इस अवस्था में व्यक्ति अपनी कामभावना की सन्तुष्टि चाहता है। लड़का अपने को पूर्ण पुरुष तथा लड़की पूर्णतः नारी होने के भाव को अपने व्यवहार से प्रदर्शित करती है। ई. बी. हरलॉक ने इस अवस्था में व्यक्तित्व विकास की तीन अवस्थाओं को समाहित किया है—

(1) तरुणावस्था (Puberty)

(2) आरम्भिक कैशोर्य (Early adolescence)

(3) उत्तर कैशोर्य (Leta adolescence)

इसमें प्रथम अवस्था 12-14 वर्ष की आयु की है जिसमें बालक तथा बालिका के शरीर में क्रमशः पौरुष तथा नारीत्व के बाह्य शारीरिक लक्षण परिलक्षित होने लगते हैं। आंगिक यौन परिपक्वता की स्थिति इसी अवधि में साकार होती है। तारुण्य के प्रस्फुटन की शीघ्रता या उसमें होनेवाले विलम्ब के कारक, वंशानुगत वैशिष्ट्य तथा परिवेश दोनों ही होते हैं। इस अवस्था में शारीरिक आकार, समानुपातिक बनावट तथा लैंगिक विकास के लक्षण स्पष्ट तथा पूर्ण रूप से परिलक्षित होते हैं।

कैशोर्य के आरम्भ में विजयी तथा सफल व्यक्तियों को आदर्श मानने का भाव बलवान होता है। उत्साही किशोर में अपने छोटे-भाई बहनों के प्रति कठोर तथा दमनात्मक व्यवहार और बड़ों के प्रति क्रोध का व्यवहार व्यक्त करने की प्रवृत्ति देखने को मिलती है। अपने आत्मीय समवयस्कों के मध्य रहन-सहन तथा नैतिक नियमों के ज्ञान और संस्कार की दृष्टि से स्वयं को पिछड़ा अनुभव करनेवाले किशोर में यह नकारात्मक वृत्ति विशेष रूप से दृष्टिगोचर होती है।

कैशोर्य की उत्तरावस्था में वह अपनी श्रेष्ठता की ईहा में कुछ भी करने के लिए तत्पर हो जाता है; परन्तु चित्त का चांचल्य इस वयोवर्ग की विशेषता होती है जो उसे दिवास्वप्नों में भटका देती है। इस प्रकार के स्वप्नाधारित अवास्तविक आकांक्षाओं की पूर्ति जब नहीं होती है तब उसमें स्वयं के प्रति अविश्वास और अस्वीकृति के भाव का जनन होता है। इसका दुष्परिणाम सामंजस्य-स्थापन की क्षमता के अभाव तथा उत्तरदायित्व निर्वहन के असामर्थ्य के रूप में दृष्टिगोचर होता है। भावनात्मक दृष्टि से झंझावात और तनाव वाले व्यक्तित्व विकास के इस चरण में किशोर द्वारा अपनी भावनाओं पर विजय पाने का प्रयास करना ही उसे परिपक्वता की तरफ उन्मुख करता है। अन्यथा की स्थिति में काल्पनिक लक्ष्यों की अप्राप्ति उसे असुरक्षात्मक भावना के जनन तथा वास्तविकता के अस्वीकरण और प्रतिगमन जैसी प्रतिरक्षात्मक युक्तियों का आश्रय लेने को विवश करती है। सतर्क अभिभावक, शिक्षक आदि मनोवैज्ञानिक समर्थन, प्रसन्नताधायक वार्ताओं एवं यथार्थपरक उचित दिशा-निर्देश के द्वारा किशोर के व्यक्तित्व को आनन्ददायी तथा बलिष्ठ बनाते हैं।

पूर्व-प्रौढ़ावस्था (Early Adulthood)

किशोरावस्था के पश्चात् अठारह से चौबीस वर्ष तक की समयावधि पूर्व-प्रौढ़ावस्था की मानी गई है। वंशानुगत तथा पर्यावरणीय भेद से यह अवस्था किंचित् न्यूनाधिक हो सकती है। इस चरण में व्यक्ति अपने को परिपक्व प्रदर्शित करने के लिए व्यग्र रहता है। उसके वस्त्र, व्यवहार तथा संवाद अपेक्षाकृत व्यवस्थित तथा गम्भीरतापूर्ण होते हैं। किशोरावस्था की तुलना में इस समय व्यक्ति कुछ निश्चित तथा समान विचारधाराओं वाले मित्रों के समूह को पसन्द करता है। वस्तुत: पूर्व-प्रौढ़ावस्था, कैशोर्य के तूफान के समाप्त होने तथा उत्तरदायित्वपूर्ण गृहस्थाश्रम में प्रवेश का काल है जिसमें व्यक्ति परिकल्पनात्मक संवेगों को रोककर यथार्थवादी निर्णय के साथ बड़ों तथा छोटों एवं औपचारिक तथा अनौपचारिक मान्यताओं का यथाशक्य अनुपालन करते हुए आगे बढ़ता है। उसकी मनोवृत्ति एवं तत्प्रसूत व्यवहार से निरन्तर ध्वनन होता है कि मैं किशोर नहीं, प्रत्युत एक परिपक्व व्यक्ति हूँ। जिन बच्चों का पालन- पोषण सतर्कता के साथ नहीं हुआ रहता है या जिनको स्वतंत्रतापूर्ण वातावरण नहीं मिला रहता है अथवा अपेक्षाकृत अधिक सुरक्षा प्रदान करते हुए जिनका पालन- पोषण किया गया रहता है, वे इस अवस्था में वयोजन्य उत्तरदायित्वों के निर्वहन में कठिनाई का अनुभव करते हैं। सामान्यत: इस अवस्था को घर, परिवार तथा समाज के साथ उत्तरदायित्व निभाने वाला काल माना जाता है; क्योंकि बड़े बुजुर्गों के प्रति दायित्व, पत्नी तथा तत्पश्चात् उत्पन्न होनेवाले बच्चों के पालन-पोषण का दायित्व और सामाजिक मूल्यों एवं परम्पराओं के निर्वहन की सामुदायिक अपेक्षा के प्रति प्रतिबद्धता का वह स्वयं मूल्यांकन करता है और समाज द्वारा वास्तव में कृत या परिकल्पनात्मक मूल्यांकन को दृष्टिगत करते हुए समाज के साथ सामंजस्य स्थापित करता है। जब इस आयु वर्ग का व्यक्ति आर्थिक या तकनीकी या किसी भी कारण से समाज से तालमेल स्थापित नहीं कर पाता है, अपने लिए निर्धारित उद्देश्यों की प्राप्ति में असफल होता है तब उसके व्यक्तित्व के विघटन की सम्भावनाएँ बढ़ जाती हैं। व्यवसाय से असन्तुष्टि की स्थिति में वह अपने लिए आबंटित कार्य को सही प्रकार से नहीं कर पाता है; फलस्वरूप स्वयं तथा नियोक्ता—दोनों की ही दृष्टियों में आलसी, असावधान तथा न्यून-निष्पादक श्रेणी का व्यक्ति हो जाता है। बेरोजगारी उसके व्यक्तित्व का क्षरण करती है। वैवाहिक जीवन का सन्तुलित तथा आनन्दमय होना उसकी परिपक्वता को पुष्ट करता है जबकि पति-पत्नी में तालमेल का अभाव, यौन-असन्तुष्टि, अभावग्रस्तता आदि कठिन परिस्थितियाँ पुरुष तथा स्त्री दोनों के व्यक्तित्व को विघटन की ओर ले जाती हैं। पति-पत्नी में से किसी की भी मृत्यु जीवित जीवनसाथी के व्यक्तित्व को झिंझोड़ देती है जो उसके वैयक्तिक विघटन का कारक भी हो सकती है। निम्नस्तरीय आर्थिक स्थिति तथा दाम्पत्य जीवन में तालमेल का अभाव भी उनको तनावग्रस्त करता है।

मध्य-प्रौढ़ावस्था (Middle Age)

बहुमान्य मत के अनुसार पचीस वर्ष से पैंतालीस वर्ष तक का कालखंड मध्य-प्रौढ़ावस्था का माना जाता है। इस बीस वर्ष की पूर्ण परिपक्वावस्था में भी आरम्भ तथा अन्त की मनोवृत्तियों में पर्याप्त अन्तर होता है। यह भी ज्ञातव्य है कि शारीरिक तथा मानसिक विकास और उसका क्षरण पृथक्-पृथक् व्यक्तियों में भिन्न-भिन्न समय में दृष्टिगत होता है। यह जीवन के विकासक्रम का वह चरण होता है जिसमें व्यक्ति अपनी उपलब्धियों की चरमावस्था को प्राप्त करता है। साथ ही यह मनोवैज्ञानिक तनाव का काल भी होता है; क्योंकि निर्धारित लक्ष्यों की प्राप्ति का अभाव और यौवन के गतप्राय होने की वेदना उसे विषादग्रस्त कर देती है। इस अवस्था में पुरुष और स्त्री दोनों को शारीरिक, सांस्कृतिक, आर्थिक और मनोवैज्ञानिक तनावों का साम्मुख्य करना पड़ता है। जीवनसाथी की मृत्यु, बच्चों की पढ़ाई या व्यवसाय हेतु घर से दूर जाना तथा यौवन के उत्साह का समापन उन्हें तनाव देता है। यही कारण है कि अधिकांश विद्वानों ने इसे उदासी का काल, संक्रमणकाल, भयावह-समय, असहजकाल, उपलब्धि-काल, मूल्यांकन तथा खिन्नता का काल आदि नामों से अभिहित किया है।

वर्णित अवस्था के व्यक्ति, समान-आयु के लोगों के साथ बैठने, समाचार सुनने, समाचार-पत्र तथा पत्रिकाओं को पढ़ने, यात्रा करने और सामुदायिक विकास के कार्यों में रुचि लेते हैं। उनकी मानसिक परिपक्वता तथा समझ-शक्ति का बने रहना उनके सामाजिक सम्मान को बनाए रखता है। मनोवैज्ञानिक अध्ययनों से यह ज्ञात हुआ है कि इस अवस्था में बौद्धिक क्षमता का बहुत अधिक क्षरण नहीं होता है। जीवनसाथी के साथ सामंजस्य होना और रचनात्मक कार्यों में व्यस्त होना इनके तनाव को कम करता है। इसके विपरीत वैवाहिक सम्बन्ध-विच्छेद, वैवाहिक जीवन के प्रति विकर्षण, रचनात्मकता का अभाव, अनिश्चित व्यवसाय और अर्धबेरोजगारी की स्थिति उनके व्यक्तित्व को विघटन की दिशा में प्रवृत्त करती है जिससे उनका समाज के साथ सामंजस्य स्थापित करना कठिन हो जाता है।

उत्तर-प्रौढ़ावस्था एवं वार्धक्य (Later Adulthood & Old Age)

कतिपय मन:सामाजिक विचारकों द्वारा मध्य-प्रौढ़ावस्था के अनन्तर प्राय: छियालिस वर्ष के पश्चात् का कालखंड उत्तर-प्रौढ़ावस्था का माना गया है। इस अवस्था की उत्तरावस्था वार्धक्य की होती है। जैविक विकास के इस चरण में बाल्यावस्था की विशेषताएँ पाई जाती हैं। बच्चा जिस प्रकार से अपनी पहचान, प्यार तथा सुरक्षा के लिए लालायित रहता है उसी प्रकार से इस वयोवर्ग का व्यक्ति भी सुखवादी भावनाओं से आच्छादित तथा श्रद्धा, मान्यता, सुरक्षा आदि के लिए आतुर रहता है। यद्यपि वह अपने जीवन के

विकास-काल से अवसान-काल की तरफ अग्रसर होता है, लेकिन वह इसके लिए मानसिक धरातल पर तैयार नहीं होता है। वह वयोजन्य समस्याओं की अनदेखी करना चाहता है। प्राय: युवावस्था की शक्तिमत्ता की चर्चा करता है। वह बताता है कि मैं युवा था तब पेड़ को हिलाकर फल गिरा देता था। हाथी को लाठी से मारा तो वह चिंघाड़ते हुए भाग गया। वस्तुत: यह अवस्था भविष्य की कठिनाइयों से पलायन कर मनोनुकूल बीते क्षणों को याद करने तथा प्रतिगमन कर मन बहलाने की प्रवृत्ति से व्यक्तियों को ओतप्रोत रखती है। इस अवस्था में अवबोध, स्मरणशक्ति और कामभावना में तीव्र गति से ह्रास होता है, तथापि वार्धक्य को प्राप्त व्यक्ति इस स्वाभाविक परिवर्तन को छिपाता है। वह व्यावसायिक दृष्टि से एक अर्जनकर्ता बने रहना चाहता है। इस स्थिति में यदि उसकी कार्य के प्रति सन्नद्धता बनी रहती है तथा वह किंचित् परिवर्तनों के साथ कार्य निष्पादन की नवीन प्रविधियों तथा प्रौद्योगिकीय परिवर्तनों को स्वीकारता है तब उसे तनावग्रस्त नहीं होना पड़ता है। इसके विपरीत पश्चगमन करनेवाले रूढ़िवादी व्यक्तियों को स्वैच्छिक सेवानिवृत्ति तथा बेरोजगारी का सामना करना पड़ता है जो उनके तनाव को बढ़ा देता है। उनकी धार्मिक मनोवृत्ति सामान्य परिवर्तन के साथ स्थिर रहती है। यह आवश्यक नहीं है कि उत्तर-प्रौढ़ावस्था में व्यक्ति धार्मिक कार्यों में अधिक रुचि लेना आरम्भ कर दे। इस सम्बन्ध में एजिलाबेथ बी. हरलॉक का मंतव्य है कि सामान्य प्रचलित विचारधारा कि वृद्धावस्था में धर्म में रुचि बढ़ती है, प्रत्येक स्थिति में आवश्यक नहीं है। वृद्ध लोगों की मृत्यु को स्वीकारने के प्रतिमान भी बदल जाते हैं।

निष्कर्ष के रूप में कहा जा सकता है कि शारीरिक दुर्बलता तथा पुरातन विचारों के संस्कार के कारण जब वर्णित वय के व्यक्ति समाज में अपेक्षित स्वीकृति नहीं पाते हैं तब उन्हें अपने पुराने यौवन के सफल जीवन की चर्चा करने तथा प्रतिगमनात्मक मनोरचना का आश्रय लेने को विवश होना पड़ता है। वे समीचीनीकरण तथा प्रक्षेपण जैसी मनोरचनाओं के प्रयोग की प्रवृत्ति भी विकसित कर लेते हैं। 'अहम्' की अपेक्षा 'इड' तथा 'परा-अहम्' प्रबलता के साथ परिलक्षित होते हैं जिसकी परिणति अन्तर्द्वन्द्वों के आविर्भाव के रूप में होती है। एकाकीपन की भावना और यह सामान्य धारणा कि वृद्धावस्था में व्यक्ति की उपादेयता समाप्तप्राय हो जाती है, इस अवस्था के व्यक्तियों के लिए संत्रासदायी होती है। सामुदायिक संगठन तथा विकास के कार्यों में इन्हें सम्मिलित न करना इनकी मन:स्थिति को झकझोर देता है। वस्तुत: वार्धक्य श्रान्तता की अवस्था है जिसमें व्यक्ति अपने शारीरिक, मानसिक, बौद्धिक तथा सामाजिक क्षेत्र में सर्वतोभावेन शिथिल पड़ जाता है। सुरक्षात्मक दुश्चिन्ताएँ सताने लगती हैं। आर्थिक पृष्ठभूमि सुदृढ़ होने की स्थिति में ये समाज के साथ तालमेल स्थापित कर तनावरहित सुखमय जीवनयापन करने में समर्थ हो जाते हैं; लेकिन अभावग्रस्त आर्थिक स्थिति इनके जीवन को दुखमय बना देती है। जीवन की सान्ध्यवेला की तरफ अभिमुख ये अर्थोपार्जन के लिए अपेक्षित शक्ति के

अभाव में, तनावग्रस्त हो जाते हैं। सन्तानहीनता तथा परिवार से सम्बन्ध-विच्छेद जैसी परिस्थितियाँ इनकी असुरक्षात्मक वेदना को द्विगुणित कर देती हैं। वर्णित स्थिति में यदि जीवनसाथी की मृत्यु हो जाती है तो इनके विषाद की सीमा नहीं रह जाती है। जीवनचर्या की परम्परागत पद्धति तथा समस्या-समाधान के प्रति रूढ़िवादी विचार इनके सामाजिक सामंजस्य की क्षमता को क्षीण करते हैं।

अवधेय है कि जो व्यक्ति इस आयु में अपने स्वाभाविक क्षरण को स्वीकारते हैं, वर्तमान के साथ तालमेल स्थापित करने हेतु अपेक्षित व्यावहारिक संशोधनों को अपनाते हैं, समान आयु के लोगों के साथ मित्रता स्थापित कर समाज-स्वीकृत कार्यों में लगे रहते हैं, उनमें वयोजन्य तनाव कम होता है। इस हेतु वे चौपालों पर एकत्र होकर ज्ञानात्मक, विकासात्मक तथा समसामयिक समाचारों पर चर्चा करते हैं। इस अवस्था में जो व्यक्ति कहानियों को सुनते-सुनाते हैं 'हमउम्र' विषयक चर्चाएँ करते हैं तथा कार्ड आदि से खेलते हैं, उन्हें तनाव शैथिल्य में सफलता मिलती है। घर पर पौत्रों-दौहित्रों तथा अन्य सदस्यों से यथोचित आदर प्राप्त होना इनके जीवन को आनन्दित करता है।

वस्तुतः व्यक्तित्व विकास से सम्बन्धित विविध वयोजन्य विशेषताओं का संक्षिप्त विवरण प्रस्तुत करके यह स्पष्ट करने का प्रयास किया गया है कि जीवन में आयु के अनुसार मानसिक तथा शारीरिक विशेषताओं का परिलक्षित होना स्वाभाविक है। अभिभावक, शिक्षक तथा सम्पर्क में आनेवाले अन्य व्यक्तियों को इसे सहज भाव से स्वीकारना चाहिए। विशेषकर बच्चों के साथ व्यवहार करनेवाले माता-पिता तथा शिक्षकों को इसे दृष्टिगत करते हुए सतर्कता के साथ व्यवहार करना चाहिए, क्योंकि आवेशपूर्ण व्यवहार उनके 'अहम्' के सन्तुलित विकास में बाधक हो सकता है। शिक्षकों को बच्चों की मनोवृत्तियों को ध्यान में रखते हुए उनमें समाज के साथ समायोजित होने की क्षमता विकसित करनी चाहिए। उन्हें सतत मानसिक समर्थन प्रदान करना चाहिए जिससे उनमें आत्मविश्वास का जागरण हो।

सन्दर्भ ग्रंथ

1. आचार्य रामचन्द्र शुक्ल (2003) : आदर्श जीवन : शान्ति प्रकाशन इलाहाबाद।
2. डॉ. मधु अस्थाना एवं डॉ. किरन बाला वर्मा (2003) : व्यक्तित्व मनोविज्ञान : मोतीलाल बनारसी दास, बंगलो रोड, नई दिल्ली।
3. डॉ. रमाशंकर शुक्ल (1983) : व्यक्तित्व का विकास : आलोक प्रकाशन, शास्त्रीनगर, वाराणसी।
4. Norman Cameron (1963) : Personality Development and Psycho-pathology : Feffer and Simons Internation University, Editions, New York.
5. Elizabeth B. Hurlock; Developmental Psychology, Fourth Edition, TATA McGraw Hill Publishing.

प्रारम्भिक विद्यालयीय शिक्षण तथा उसकी विषयवस्तु

शिक्षा अनवरत तथा आजीवन चलनेवाली प्रक्रिया है। इसमें कोई औपचारिक शिक्षक हो या न हो; शिक्षणार्थ निर्धारित पाठ्यक्रम हो या न हो प्रत्येक प्राणी सतत कर्मरत[1] तथा तदनुक्रम में ज्ञानार्जन रत रहता है। ऐसे में भावी समाज किस प्रकार का हो इसका निर्धारण करके शिक्षक तथा प्रशासक और शासनिक नेतृत्व करनेवाले देश के कर्णधार शिक्षण तथा प्रशिक्षण की पाठ्यसामग्री सुनिश्चित करते हैं। जिस प्रकार पेड़-पौधे स्वत: बढ़ते रहते हैं तथापि उनको योजनानुसार निश्चित आकार देने के लिए माली उनकी डालों का कर्तन करता है, एक निश्चित दिशा में मोड़ने के लिए उन्हें बाँधता है तथा आवश्यकतानुसार ऊर्ध्वगमन या अधोगमन के लिए मोड़ता और झुकाता है; उसी प्रकार पाठ्यक्रम निर्धारणकर्ता तथा शिक्षक छात्रों के समक्ष पठन-पाठन की सामग्री को प्रस्तुत करते हैं। इसके लिए पाठ्यचर्या निर्धारक समिति तथा शिक्षकों का प्रशिक्षण नितान्त आवश्यक हो जाता है।

उल्लेखनीय है कि बच्चों में असीम सम्भावनाओं का बीज विद्यमान रहता है। इसे हमें स्वीकारना होगा। इस विषय में अनुराग बेहर, सी.ई.ओ. अजीम फाउंडेशन का मत है कि 'अगर एक शिक्षक यह मानता है कि उचित हस्तक्षेप से सभी छात्र सीख सकते हैं, भले ही वे भिन्न-भिन्न पृष्ठभूमियों से आते हैं तो इसका शिक्षणकर्म पर सकारात्मक असर पड़ता है। दूसरी तरफ, अगर एक शिक्षक यह मानता है कि किसी छात्र में सीखने की क्षमता कम है, तो इसका सीधा नकारात्मक असर वास्तविक शिक्षण पर पड़ता है।'[2] यह सोच स्पष्ट करती है कि बच्चे की योग्यता को अस्वीकारना नकारात्मक प्रभाव का कारक बनकर पठन तथा पाठन दोनों प्रक्रिया का क्षरण करेगा। भारतीय चिन्तक शुक्रनीतिकार ने बहुत पहले उद्घोषित

1. न हि कश्चित्क्षणमपि जातु तिष्ठत्यकर्मकृत्।
   कार्यते ह्यवशः कर्म सर्वः प्रकृतिजैर्गुणैः॥ —श्रीमद्भगवद्गीता 3/5
2. हिन्दुस्तान, इलाहाबाद संस्करण, 20 जुलाई, 2018

किया था कि 'अयोग्यः पुरुषो नास्ति योजकस्तत्र दुर्लभः' अर्थात् प्रत्येक व्यक्ति सामर्थ्यवान होता है; लेकिन उसे उसकी योग्यतानुसार कार्य में सन्नद्ध करनेवाला नियोक्ता कठिनाई से प्राप्त होता है। प्रस्तुत सन्दर्भ में इसका तात्पर्य है कि प्रत्येक बच्चे में अधिगम की योग्यता होती है; लेकिन किस बच्चे को क्या पढ़ाया जाए तथा पढ़ाने की शैली क्या हो इसके निर्धारक विवेकी व्यवस्थापक दुर्लभ होते हैं। इस तथ्य के आलोक में पठन-पाठन क्रिया के पूर्व पाठ्यवस्तु का निर्धारण तथा मानक शैक्षणिक विधि का प्रतिपादन नितान्त कठिन होता है।

पाठ्यक्रम अर्थात् क्या पढ़ाया जाए का निर्धारण करते समय सर्वप्रथम क्षेत्रीय विषयवस्तु, प्रचलित प्रथा, परम्परा, सामाजिक मूल्यों को महत्त्व दिया जाना चाहिए जिससे बच्चों के अपनी जड़ों से कट जाने का भय न रहे तथा वे लोक संस्कृति से सम्पृक्त हो सकें। दूसरा विचारणीय बिन्दु संयुक्त परिवार के विघटन तथा एकाकी परिवार के विश्रृंखलन और नगरों की ओर हो रहे पलायन-प्रसूत ग्राम्यसंस्कृति के समाप्तप्राय स्थिति से समुद्भूत है। ग्रामीण जीवन में बच्चे बाबा के साथ, ताऊ के साथ अथवा चाचा के साथ बाजारों में जाते थे और वस्तुओं को खरीदने अथवा बेचने के क्रम में उनके अच्छे-बुरे होने की समझ-शक्ति विकसित कर लेते थे। उन्हें इसकी पहचान हो जाती थी कि कौन सी तरकारी ताजी है और कौन सी बासी है। इसी तरह अन्न, लकड़ी तथा अन्य वस्तुओं को पहचानने तथा लोगों से वार्ता करने की कला उनमें सहज ही विकसित हो जाती थी। आज के बच्चे इस अवसर से वंचित हैं। अत्यधिक ध्यान देनेवाले नगरीय अभिभावक, दैनिक जीवन से लेकर शैक्षणिक गृहकार्यों को सम्पन्न कराने में बच्चों की इतनी सहायता करते हैं कि उनमें स्वतंत्र निर्णय लेने की क्षमता सहज रूप से विकसित नहीं हो पाती है। तीसरी बात जो सबसे महत्त्वपूर्ण है वह यह है कि बच्चों का मन पढ़ने की अपेक्षा चित्र देखने, कहानी सुनने तथा गाना सुनने में अधिक लगता है। चौथा ध्यातव्य बिन्दु उनके वयोजन्य मनोविज्ञान को दृष्टिगत रखते हुए पाठ्यवस्तु के निर्धारण करने का है। पठन-पाठन की नवीन व्यवस्था के अनुसार 3 वर्ष की आयु पूर्ण करने के पश्चात् बच्चों को प्रारम्भिक बाल्यावस्था देखभाल और शिक्षा की बालवाटिका में पूर्व प्राथमिक शिक्षण के लिए प्रवेश दिए जाने का प्रावधान है जहाँ 3 वर्ष तक की तैयारी के पश्चात् उसे 6 वर्ष की अवस्था में कक्षा 1 में प्रवेश दिए जाने का प्रावधान किया गया है जहाँ उसे कक्षा 2 तक की शिक्षा दिया जाना सुनिश्चित किया जाएगा। इस प्रकार वर्णित पाँच वर्ष तक की शिक्षा जो 3 से 8 वर्ष तक के बच्चों के शिक्षण के लिए प्रावधानित की गई है को आधारभूत (फांडेशनल) शिक्षण कहा गया है। प्रारम्भिक स्तर पर कक्षा 3 से 5 तक की कक्षाओं में अध्ययन करने की व्यवस्था की गई है जिसके लिए 8 से 11 वर्ष तक की आयु नियत की गई है। इसके पश्चात् मध्य स्तर की शिक्षा हेतु 11 से 14 वर्ष तथा माध्यमिक स्तर की शिक्षा के लिए 14 से 18 वर्ष की आयु निर्धारित की गई है।

मनोवैज्ञानिक दृष्टि से आधारभूत शिक्षणान्तर्गत पूर्व प्राथमिक शिक्षा के लिए निर्धारित 3 से 6 वर्ष की आयु के बच्चे इडिपल अवस्था की विशेषताओं से युक्त होते हैं जिन्हें अतिशय प्यार एवं आत्मीयता की आवश्यकता होती है। इसके पश्चात् कक्षा 1 से 5 तक की शिक्षा के लिए निर्धारित 6 से 11 वर्ष की आयु 'गुप्तकामावस्था' की विशेषता वाली कही जाती है। इस अवस्था के बच्चों में अपनी पहचान की भूख होती है। यही कारण है कि वे सामाजिक शिक्षाओं के साथ ही अनुभूत व्यवहारों से भी सीखते हैं। सिद्धान्त-वाक्यों एवं व्यवहार्य परिस्थितियों में सामंजस्य स्थापित करने की क्षमता भी स्वत: विकसित करने लगते हैं। एलिजाबेथ बी. हरलॉक का तो यहाँ तक कहना है कि सर्वमान्य सिद्धान्त 'सदा सत्य बोलना चाहिए' से विचलन को भी इस आयुवर्ग की उत्तरावस्था का बालक परिस्थिति विशेष में गलत नहीं मानता है।[1] कहने का भाव यह है कि बच्चे परिवेशीय व्यक्तियों के आचरणों से भी सीखते हैं। वे किसी के द्वारा बताई गई बात को यथावत् नहीं स्वीकारते हैं; बल्कि तर्क के साथ कृतपरीक्षण पर अधिक विश्वास करते हैं; इसलिए उनके अध्ययनार्थ निर्धारित विषयवस्तु को तार्किक तरीके से यथेष्ट वर्णन के साथ प्रस्तुत कर पाठ्यसामग्री का निर्माण करना चाहिए। यथा, बुनियादी स्तर पर पूर्वप्राथमिक के छात्रों के अध्ययनार्थ परिवेशीय ज्ञान को महत्त्व देना चाहिए। पढ़ाते समय में गतिविधियों पर आधारित कार्यक्रमों पर बल देना चाहिए। पठन-पाठन की सामग्री में गुड्डे-गुड़िया, चित्र, परिवेशीय पौधों तथा पशुओं आदि के पोस्टर, कठपुतली आदि का प्रयोग किया जाना उचित होगा। राष्ट्रीय शिक्षा नीति 2020 में भी इसी विचारधारा को केन्द्रीकृत कर प्रावधान किया गया है कि "ईसीसीई में मुख्य रूप से लचीली, बहुआयामी, बहु-स्तरीय, खेल-आधारित, गतिविधि-आधारित और खोज-आधारित शिक्षा को शामिल किया गया है। जैसे अक्षर, भाषा, संख्या, गिनती, रंग, आकार, इंडोर एवं आउटडोर खेल, पहेलियाँ और तार्किक सोच, समस्या सुलझाने की कला, चित्रकला, पेंटिंग, अन्य दृश्यकला, शिल्प, नाटक, कठपुतली, संगीत तथा अन्य गतिविधियों को शामिल करते हुए इसके साथ अन्य कार्य जैसे सामाजिक कार्य, मानवीय संवेदना, अच्छे व्यवहार, शिष्टाचार, नैतिकता, व्यक्तिगत और सार्वजनिक स्वच्छता, समूह में कार्य करना और आपसी सहयोग को विकसित करने पर भी ध्यान केन्द्रित किया

---

1. "His rigid and inflexible notion of right and wrong, learned from parents, becomes modified, and he begins to take into account the specific circumstances surrounding a moral violation. Thus moral relativism replaces moral inflexibility. For example, to a five-year-old lying is always "bad," While an older child realizes that in some situations a lie is justified and therefore necessarily not bad.

—Elizabeth B.Hurlock, Developmental Psychology, (Fourth Edition) : TATA Mc Graw- Hill Publishing p. 134

गया है।"[1] यह ध्यान रखना चाहिए कि ये बच्चे इडिपल अवस्था की विशेषताओं से युक्त होते हैं जो सामाजिक सुरक्षा चाहते हैं। उनका अहम् (ईगो) पूर्णतः विकसित नहीं हुआ रहता है, इसलिए उन्हें प्यार और मानसिक समर्थन की आवश्यकता होती है। अच्छी बात यह है कि उनमें दृष्टिगत होनेवाले परिवेश के विषय में जानकारी करने की तीव्र इच्छा होती है। उनका खेल तथा खिलौनों, विशेषकर गुड्डे-गुड़िया के खेल में मन लगता है। अतः शिक्षक को प्रयास करना चाहिए कि इन बच्चों के साथ आत्मीयतापूर्ण व्यवहार करे। उन्हें खेलने के साधन तथा अवसर उपलब्ध कराए। शिक्षक को शान्तभाव से उनकी जिज्ञासाओं का समाधान करना चाहिए। इससे उन्हें मानसिक संबल मिलता है जो उनके 'अहम्' को पुष्ट करता है। उन्हें चित्रों के माध्यम से पेड़-पौधों तथा जीव-जन्तुओं के नाम तथा विशेषताओं को बताए जाने पर बल दिया जाना चाहिए। यह ध्यान में रखना चाहिए कि प्रारम्भिक बाल्यावस्था देखभाल और शिक्षा की व्यवस्था बच्चों के पठन-पाठन की अपेक्षा उन्हें पढ़ने के लिए तैयार किए जाने के उद्देश्य से प्रावधानित की गई है।

कक्षा एक तथा दो में अध्ययनरत छात्रों के लिए भी चित्रप्रधान तथा सरल शब्दों को समाहित करते हुए तैयार किया गया पाठ्यक्रम उपयुक्त होगा। परिवेशजन्य चित्रों को बच्चे सहज ही पहचान लेते हैं। शिक्षक जब उनसे उनके बारे में पूछता है तब वे उसका सारल्येन उत्तर देते हैं। यह उनके आत्मविश्वास को बढ़ाता है। वे अपनी बातों को कहने की क्षमता अर्थात् प्रस्तुतीकरण का कौशल सहज ही विकसित कर लेते हैं। इस क्रिया से बढ़ा आत्मविश्वास उन्हें ज्ञानवर्धन करने की ललक से सराबोर कर विद्यालय आने को अभिप्रेरित करता है। कक्षा 6 से 8 तक के छात्रों के लिए आवश्यक है कि उन्हें अधिक से अधिक शब्दों का ज्ञान कराया जाए। उनकी पाठ्यवस्तु जीवन मूल्यों से समन्वित होनी चाहिए। इससे उनकी सामाजिकता का विकास होगा। उनका व्यक्तित्व सहज ही सुदृढ़, सत्यनिष्ठ तथा परिपक्व जीवनशैली से संपृक्त हो जाएगा।

वर्णित स्थिति आवश्यकता को व्यक्त करती है, लेकिन उसकी प्राप्ति कैसे हो, इस विषय पर प्रकाश न डालकर मात्र संकेत करती है। अतः आवश्यकता उस विधा की है जो सहज ही कठिन विषय का बोध करा दे। रुचिपूर्ण शैली पढ़ने के आनन्द को बढ़ाती है। पठन-पाठन का तरीका किसी भी स्थिति में ऐसा नहीं होना चाहिए जो विषय को बोझिल बनाकर उबाऊ स्थिति का जनन करे। इस दृष्टि से चित्र, कहानी, खेल, परिवेश तथा गतिविधि आधारित विषयवस्तु का पाठ्यक्रम में उपस्थापन नितान्त समीचीन होगा।

इस प्रकार स्पष्ट है कि पूर्व प्राथमिक स्तर पर खिलौनों तथा खेलों के माध्यम से कौशल विकास, भाषाबोध तथा अधिगम की ललक बनाए रखने का प्रयास

1. राष्ट्रीय शिक्षा नीति 2020 : मानव संसाधन विकास मंत्रालय भारत सरकार, पृ. 9

करना चाहिए। प्रथम तथा द्वितीय कक्षा की पाठ्यसामग्री में चित्र को अधिकाधिक सम्मिलित कर सरल भाषा में पाठ्यसामग्री को तैयार करना चाहिए। शब्दों का प्रयोग शिक्षक इस प्रकार करें कि उनका उच्चारण सही हो। बच्चों से गतिविधियाँ करवानी चाहिए तथा उनको अधिक से अधिक बोलने का अवसर दिया जाना चाहिए। संवाद से उनमें आत्मविश्वास और विद्यालयीय आकर्षण बढ़ेगा जो उनकी उपस्थिति को बढ़ाकर छात्र-ठहराव की समस्या को दूर करेगा। तीसरी तथा चौथी कक्षा के बच्चों को गेय पद्य तथा कहानी के माध्यम से जीवन कौशल तथा मूल्यों का ज्ञान कराना श्रेयस्कर होगा। कक्षा चार तथा पाँच में इस प्रकार की प्रार्थना पाठ्यविषय के रूप में होनी चाहिए जिससे छात्रों का शब्दभंडार बढ़े। जीवन मूल्यों को समाविष्ट करनेवाली प्रार्थनाएँ अनायास उनके व्यक्तित्व को दृढ़ नैतिकता से समन्वित करेंगी। इस आयु के बच्चों में अपनी पहचान बनाने की बुभुक्षा रहती है। हमें उनके इस मनोविज्ञान को दृष्टिगत करते हुए ऐसी कहानियाँ उनके पाठ्यविषय के रूप में रखनी चाहिए जो उनकी सामाजिक सोच को विस्तृत करे, नैतिकता को उनके व्यक्तित्व का अंग बनाए तथा लोककल्याण और प्राणियों के प्रति सहज संवेदना के भाव का पोषण करे। सामाजिक समरसता बढ़ानेवाली, विश्वबन्धुत्व के संस्कार का बीजारोपण करनेवाली क्षेत्रीय कहानियाँ विषयवस्तु के रूप में प्रयोग में लाई जानी चाहिए। लिंग-भेद मिटाने वाली वे कहानियाँ जो परिवार तथा परिवेश से सम्बन्धित हों, लाभकारी होंगी। जुम्मन चाचा संस्कृत तथा हिन्दी पढ़ाएँ और महेश चाचा भूगोल और उर्दू पढ़ाते सुने जाएँगे तो इससे धर्मपरक भाषिक पूर्वग्रह का बीजभर्जन होगा। अयोध्या भैया की पूड़ी और सब्जी लिंगपरक व्यवसाय विषयक सोच को कमजोर करेगी। सहयोग तथा समन्वय के साथ किए गए प्रयास द्वारा लक्ष्यप्राप्ति को बतानेवाली कहानी मानवीय मूल्यों के प्रति बच्चों को आकर्षित करेगी। इसी प्रकार अन्य सामाजिक मूल्यों को समाविष्ट की हुई कहानियों के द्वारा बच्चों में उच्च संस्कारों का समावेश किया जा सकता है।

विद्यालयीय शिक्षण में क्रीड़ा को भी महत्त्व देना आवश्यक है। क्रीड़ा के माध्यम से गणित जैसे प्राय: नीरस समझे जानेवाले विषय को भी सरस बनाया जा सकता है। चार पैरों, आठ पैरों, दस पैरों या उससे कम या अधिक पैरों वाला कीड़ा या जानवर बनाकर बच्चों को खेल-खेल में गणित की जानकारी दी जा सकती है। इसके लिए चार बच्चे मिलकर क्रमश: एक के पीछे एक बैठ जाएँ और बैठे-बैठे आगे बढ़ते हुए या गोले में घूमते हुए निम्नवत् गीत गाते हुए खेल सकते हैं—

“देखो-देखो यह छोटा सा कीड़ा है,
जो जमीन पर रेंगता चलता है।
इसकी टाँगें हैं आठ, तेज दोनों हैं आँख,
देखो-देखो यह छोटा सा कीड़ा है।”

यह खेल बच्चों के मन को आह्लादित करते हुए दस तक की गिनती और दो का पहाड़ा सिखाने के लिए प्रयुक्त हो सकता है। बच्चे इसके साथ ही चलने और रेंगने के अन्तर को भी समझ सकते हैं। मुझे प्राथमिक पाठशाला में वृत्त का ज्ञान कराने के लिए विदुषी शिक्षिका द्वारा खेलने के लिए वृत्त बनाने हेतु इस प्रकार कहा जाता था—

सब मिल गोलाकार बनाओ (शिक्षिका कहती थीं।)
और करें क्या अब बतलाओ (बच्चे गोलाकार में खड़े होकर बोलते थे।)

इसी प्रकार त्रिभुज, चतुर्भुज और वर्गाकार खड़ा करके उनके द्वारा क्रीड़ात्मक गतिविधियों के माध्यम से गणितीय चिह्नों तथा नियमों का ज्ञान कराया जाता था। कैटरपिलर से तितली बनने की क्रिया इस प्रकार से बताई जाती थी जिससे बच्चे सम्पूर्ण जानकारी हँसते हुए कर लेते थे। वे यह नहीं जानते थे कि उन्हें कैटरपिलर के रहने और खाने तथा तितली बनने के विषय में बताया जा रहा है; लेकिन वे जानकारी प्राप्त कर लेते थे। इस हेतु क्रीड़ात्मक गतिविधि निम्नवत् की जाती थी—

"देखो-देखो यह छोटा सा कीड़ा है,
जो पत्तों पर रहता उसे खाता है।
कुछ अरसे के बाद, कुछ अरसे के बाद
तितली यह बनकर उड़ता है।"

बच्चे खेल के आरम्भ में एक के पीछे एक कैटरपिलर बनकर बैठे रहते थे जो रेंगते हुए पत्ता खाने का अभिनय करते थे। जब 'तितली यह बनकर उड़ता है' कहा जाता था तब वे उड़ने की शैली में उछलने और कूदने लगते थे।

इसी प्रकार की अन्य आयुसंगत क्रीड़ाएँ आयोजित कर बच्चों के आनन्द तथा ज्ञान को बढ़ाया जा सकता है। इसे ही शिक्षाविदों द्वारा रुचिपूर्ण शिक्षा कहा जाता है। शोधात्मक निष्कर्षों से यह सिद्ध हो चुका है कि गतिविधि समन्वित शिक्षणशैली बच्चों में 'हम' की भावना और प्रजातांत्रिक मूल्यों का विकास करती है। यह बच्चों में पारस्परिक सहयोग और समन्वय के संस्कार बीजों का वपन, पल्लवन तथा पुष्पण करती है। जिन बच्चों में 'एकाकीपन' का भाव घर कर लेता है, वे अन्य बच्चों के साथ तालमेल स्थापित नहीं कर पाते हैं, उनके व्यक्तित्व-विघटन की सम्भावना बढ़ जाती है। इस प्रकार के बच्चों के व्यक्तित्व को विघटन से बचाने के लिए भी गतिविधियुक्त पाठ्यसामग्री तथा शिक्षण विधि लाभकारी होती है। यहाँ यह भी ज्ञातव्य है कि इस वयोवर्ग के छात्रों को शिक्षित करने तथा उन्हें मानवीय मूल्यों से संपृक्त करने के उद्देश्य की प्राप्ति तभी अधिक होगी जब शिक्षक अपने उद्देश्यों के प्रति सतर्क रहें तथा व्यावसायिक गुणोपेत प्रशिक्षक की तरह योजनाबद्ध तरीके

से खेलों को सम्पन्न कराएँ। प्रत्येक प्रतिभागी छात्र के कार्यकलाप और अभिरुचि का अध्ययन भी उन्हें करना होगा। बच्चों को व्यक्तिगत रूप से तथा यथासमय सम्पूर्ण क्रीड़ासमूह की उपलब्धियों की अतिरंजित प्रशंसा कर उनमें उत्साह का संचार करना चाहिए जिससे उनका आत्मविश्वास बढ़े। उनकी भूलों को सामान्य बताते हुए उनमें उत्पन्न होनेवाली विषादजन्य चिन्ताओं को दूर करने का प्रयास करना चाहिए। शिक्षक जब क्रीड़ांगन में समूह को निर्देशित करनेवाले निर्देशक की भूमिका निभाएगा तब वह प्रत्येक छात्र के वैयक्तिक विकास को पोषण प्रदान करेगा। **डॉ. कृपाल सिंह सूदन** का अभिमत है कि प्रत्येक समूह का एक नेता होता है जिसका नेतृत्व उसकी समूह की सदस्यता और समूह के अन्दर कार्यों के कारण ही बनता है। समूहकार्य के अभ्यास में इस नेता के अतिरिक्त एक कार्यकर्ता की आवश्यकता होती है जो समूह का सदस्य नहीं होता है, संस्था का कार्यकर्ता होता है और समूह में उसकी भूमिका एक सहायक के रूप में होती है।[1] वर्णित परिस्थिति में कार्यकर्ता की भूमिका में प्रशिक्षित शिक्षक का होना समीचीन होगा।

निष्कर्ष रूप में हम कह सकते हैं कि बच्चों की मनोवैज्ञानिक स्थिति को दृष्टिगत करते हुए उनकी पहचान बनाने की मनोदशा को केन्द्रीकृत करते हुए अच्छे आदर्शों को उपस्थापित करनेवाली पाठ्यसामग्री उनके शिक्षण के लिए निर्धारित करना उचित होगा। गतिविधि समन्वित शिक्षण पद्धति उनमें सोचने, विशेष परिस्थितियों का आकलन करने एवं उनका समुचित समाधान करने की क्षमता को विकसित करेगी। सामाजिक मूल्यों की जीवनी उनमें नैतिकता तथा संवेदनशीलता को बढ़ाएगी। क्षेत्रीय सफल तथा उज्ज्वल चरित्र के व्यक्तियों की बार-बार की जानेवाली प्रशंसा उन्हें तद्वत् बनने या उनको भी अतिक्रान्त कर देने की अभीप्सा को बलवती करेगी। वर्णित तथ्यों एवं मनोवैज्ञानिक आवश्यकताओं के आलोक में हमें प्रारम्भिक स्तर के छात्रों की भाषा एवं गणित तथा विज्ञान और सामाजिक सम्बन्धों के ज्ञान को पुष्ट करनेवाली गतिविधि आधारित शिक्षण प्रक्रिया को अपनाने पर बल देना चाहिए।

भाषा शिक्षण हेतु विषयवस्तु के रूप में संवाद स्थापित करने की कला विकसित करनेवाली पाठ्यसामग्री होनी चाहिए। कहानी तथा कविता के माध्यम से छोटे किन्तु तत्सम शब्दों से युक्त लेखों एवं संवादों का ज्ञान कराया जाना उपयुक्त होगा। कहानियाँ ऐसी हों जिनमें क्षेत्रीयता के साथ ही मुहावरों एवं लोकोक्तियों का प्रयोग हो जिससे छात्रों को उनका ज्ञान कराया जा सके। प्रयुक्त समानार्थक तथा विपरीतार्थक शब्दों, संज्ञा, सर्वनाम और विशेषणों को बताया जाए जिससे बच्चों के शब्दकोश में वृद्धि हो सके। नाट्यकथाओं का मंचन तथा श्रुतलेख उनके ज्ञान तथा आत्मविश्वास को बढ़ाता है।

1. डॉ. कृपाल सिंह सूदन (2016) : समाजकार्य सिद्धान्त एवं अभ्यास, नवज्योति सिमरनजीत पब्लिकेशन, पृ. 314

मध्यस्तरीय कक्षाओं के छात्र किंचित् अधिक परिपक्व होते हैं, इसलिए उनके पाठ्यक्रम एवं ज्ञान-समीक्षण के प्रश्नों में रचनात्मक तथा कल्पनात्मक परिपक्वता को द्योतित करनेवाली सामग्री होनी चाहिए। लिखने-पढ़ने की सामग्री उनकी नैतिकता को विकसित करेगी। कल्पनात्मक क्षमता के विकास हेतु निबन्ध लेखन तथा देश-विदेश के तथ्यों से समन्वित विषय सामग्री उचित कही जाएगी।

वर्णों का ज्ञान कराना, संयुक्ताक्षर तथा अयोगवाह और उत्क्षिप्त वर्णों के विषय में बताना हिन्दी तथा संस्कृत दोनों भाषाओं के ज्ञान की दृष्टि से लाभकारी होगा। इसी तरह संस्कृत भाषा का अध्ययन भी दोनों ही विषय के अधिकाधिक तत्सम शब्दों के ज्ञान को बढ़ाएगा। इस हेतु सूक्तियों तथा सुभाषितों को पढ़ाना और उन्हें शुद्ध-शुद्ध लिखवाने पर बल दिया जाना चाहिए। यह विधा उच्चारण तथा शब्दकोश और उसके प्रयोग की क्षमता को बढ़ाएगी। संस्कृत भाषा सम्प्रति बच्चों के नित्य-प्रति के प्रयोग की भाषा नहीं है, इसलिए मध्य स्तर (मिडिल) की पाठ्यसामग्री भी चित्रप्रधान ही होनी उपयुक्त होगी। 'गणित' के ज्ञानार्थ छात्रों को सर्वप्रथम मूल संक्रियाओं का ज्ञान कराना होगा। जोड़ तथा घटाना क्या है? गुणा की आवश्यकता क्यों है और भाग का प्रयोग कब किया जाता है? ये कतिपय प्रश्न हैं जिनका सर्वप्रथम ज्ञान कराना चाहिए। दैनिक जीवन में वस्तुओं के मूल्य के अनुसार गेहूँ, दाल, सब्जी आदि खरीदने पर हिसाब कैसे लगाएँगे, का ज्ञान करानेवाली पाठ्यसामग्री को वरीयता दिया जाना समीचीन होगा। भाज्य संख्याओं तथा अभाज्य संख्याओं में भेद करने और लघुत्तम तथा महत्तम समापवर्तक ज्ञात करने की विधि का ज्ञान कराना चाहिए। शिक्षक को सतत ध्यान रखना होगा कि बच्चों में विषय के प्रति रुचि बनी रहे। पटरी तथा परकार की सहायता से 30^0, 60^0 तथा 90^0 के कोणों को बनवाकर जब बच्चों से चाँदे से मापकर देखने को कहा जाता है तो उनमें आनन्द का भाव उत्पन्न होता है। वे एक दूसरे को बताने लगते हैं, आह्लादित होने लगते हैं जो विषय को नीरस के स्थान पर सरस बना देता है। ऐसे ही त्रिभुज, चतुर्भुज, पंचभुज तथा षड्भुज आदि का ज्ञान, समय एवं दूरी से सम्बन्धित सवाल और प्रमेय तथा निर्मेय की जानकारी के साथ ही अंकगणितीय लाभ-हानि का ज्ञान करानेवाली विषयसामग्री गणित के प्रति बच्चों की जिज्ञासा और उत्साह के लिए आवश्यक है।

उल्लेखनीय है कि प्रत्येक व्यक्ति वैज्ञानिक विधि का निरन्तर प्रयोग करते हुए भी 'विज्ञान' को प्रायः क्लिष्ट विषय मानता है। पूर्व प्राथमिक से कक्षा 5 तक के छात्रों को कार्य कराते हुए वैज्ञानिक सिद्धान्तों को बताना अपेक्षाकृत अधिक उपयुक्त होगा। वैज्ञानिक उपकरणों के विषय में बताने तथा उनके लाभ को बताने वाली पाठ्यसामग्री होनी चाहिए। उदाहरण के लिए हैंडपम्प का प्रयोग प्रायः बच्चे विद्यालयों में करते हैं। उन्हें जल के नीचे से ऊपर आने के वैज्ञानिक कारण का बोध कराना चाहिए। लीवर का प्रयोग पहले कराकर बच्चों को इस ज्ञान का अनुभव

कराना चाहिए कि किस प्रकार भारी वस्तु को सरलता से उठाया जा सकता है। बच्चा जब स्वयं करके देखेगा तो उस पर उसका प्रभाव अक्षुण्ण होगा। इसी प्रकार अन्य वैज्ञानिक उपकरणों के विषय में भी यथासम्भव रोचक गतिविधियों के माध्यम से समझाना समीचीन होगा।

आकाशीय बिजली, घरेलू विद्युत तथा उसी क्रम में प्रकाश, ध्वनि, आवेश एवं ऊर्जा के विषय में बताने हेतु पाठ्यसामग्री प्राथमिक स्तर पर विकसित होनी चाहिए। लोहे तथा चुम्बक की जानकारी बच्चों को कराया जाना उनके ज्ञान और जिज्ञासा दोनों का वर्धन करता है। पदार्थ (द्रव्य) की अवस्थाओं का ज्ञान भी इस स्तर पर कराया जाना उचित होगा। जन्तुओं तथा वनस्पतियों के विषय में कक्षानुसार बताया जाना चाहिए। कृषि से सम्बन्धित जानकारी जिसमें बीज, फसल तथा खाद—मैन्योर और फर्टिलाइजर अर्थात् जैविक तथा रासायनिक उर्वरक के विषय में बताना समीचीन होगा। मध्य स्तर (मिडिल) के छात्रों को इन तथ्यों के विषय में थोड़ा अधिक विस्तार के साथ ज्ञान कराना चाहिए। जैसे—पदार्थों का रूप कैसे बदलता है? ध्वनि का मात्रक क्या है? इसकी गति क्या है? इसका माध्यम परिवर्तन से क्या सम्बन्ध है? इसी प्रकार ऊर्जा, बल, सदिशराशि, अदिशराशि, विद्युतधारा, कार्बनिक तथा अकार्बनिक वस्तु और पेट्रोलियम ईंधन आदि के विषय में कक्षानुसार (अर्थात् कक्षा 6 से 8 तक क्रमश: जटिलतर ज्ञान विषयक) पाठ्यक्रम निर्धारित किया जाना उचित होगा। धातुओं के रासायनिक सूत्र तथा विविध अणुओं के मेल के कारण होनेवाली रासायनिक क्रियाओं का ज्ञान करना उचित होगा। प्रिज्म, परावर्तन/अपवर्तन लेंस तथा उसका प्रयोग कक्षा 6 से लेकर 8 तक में मात्रात्मक अन्तर के साथ बताना युक्तिसंगत कहा जाएगा। वनस्पति विज्ञान में जाइलम, फ्लोएम, लवक, प्रकाश संश्लेषण, परासरण तथा पादपों के वर्धन के विषय में ज्ञान कराने विषयक पाठ्यसामग्री तैयार की जानी चाहिए। मिट्टी तथा उसके प्रकार और उपयोगिता तथा किस क्षेत्र में कौन सी मिट्टी पाई जाती है इसका ज्ञान कक्षा आठ के छात्रों को कराना चाहिए।

कीटनाशकों के लाभ के साथ ही उनकी हानियाँ भी बतानी चाहिए। जीवाणु तथा विषाणु के विषय में ज्ञान कराते हुए उच्च प्राथमिक की उच्च कक्षाओं में इनसे होनेवाले रोग तथा उनसे बचाव के उपाय बताए जाने चाहिए। कुछ सूक्ष्मजीव लाभदायक भी हैं; जिनके कारण दही, सिरका आदि बनता है। इससे सम्बन्धित विषय सामग्री भी उच्च प्राथमिक की कक्षाओं हेतु विकसित होनी चाहिए।

परिवेश के ज्ञान में पर्यावरण की जानकारी देने के साथ ही इसका अर्थ, संरक्षण की आवश्यकता एवं रक्षण के उपाय पाठ्यक्रम में होने चाहिए। प्रदूषण का अर्थ, प्रकार तथा उनको रोकने की विधियों से बच्चों को अवगत कराना उचित होगा। भारतीय इतिहास, जिसमें प्राचीन भारत के मुख्य राजवंश (मौर्य, गुप्त, शुंग, कण्व एवं

सातवाहन आदि) के विषय में ज्ञान कराते हुए प्रमुख शासकों एवं उनके अवदानों के विषय में जानकारी छात्रों को दी जानी चाहिए। इसी प्रकार सल्तनतकाल, लोदीवंश, मुगलकाल के प्रमुख शासकों से सम्बन्धित संक्षिप्त ज्ञान मध्यस्तर की कक्षाओं में कराया जाना उचित होगा। प्रत्येक काल की विशेषताएँ, राजनीतिक तथा धार्मिक गतिविधियों और सांस्कृतिक विशेषताओं का ज्ञान कराया जाना चाहिए। उचित होगा कि तीनों कालों—प्राचीन, मध्य तथा आधुनिक की पाठ्यसामग्री क्रमशः छठवीं, सातवीं और आठवीं कक्षा के लिए निर्धारित की जाए। कक्षा आठ के छात्रों के लिए स्वतंत्रता संग्राम (1857), स्वतंत्रता संघर्ष, असहयोग आन्दोलन, सविनय अवज्ञा आन्दोलन एवं भारत छोड़ो आन्दोलन विषयक इतिहास को पाठ्यवस्तु के रूप में रखा जाना समीचीन होगा।

संविधान किसे कहते हैं, उसका उद्देश्य एवं महत्त्व क्या होता है की जानकारी के साथ ही उसके प्रमुख प्रावधानों का ज्ञान कक्षानुसार बच्चों को कराया जाना चाहिए। प्रस्तावना, मौलिक अधिकार तथा राज्य के नीति निर्देशक तत्त्वों के विषय में संक्षिप्त किन्तु स्पष्ट ज्ञान कक्षा 8 के विद्यार्थियों को कराए जाने का प्रयास किया जाना चाहिए। इसके साथ ही कार्यपालिका, न्यायपालिका तथा विधायिका विषयक पाठ्यसामग्री इस स्तर की कक्षाओं में कराया जाना उचित होगा। इससे छात्रों में संविधान के ज्ञान के साथ ही उसके प्रति आस्था भी विकसित होगी।

इसी प्रकार भूगोल पढ़ाते समय तथ्य के साथ ही अवधारणाओं के ज्ञान को पाठ्य-विषयवस्तु के रूप में विकसित करना चाहिए। ग्लोब तथा नक्शे का ज्ञान; दिशाओं का ज्ञान, प्रमुख काल्पनिक रेखाओं—भूमध्य, कर्क तथा मकर रेखाओं—की स्थिति को स्पष्ट करनेवाला पाठ्यक्रम मध्य स्तरीय कक्षाओं हेतु निर्धारित किया जाना युक्तिसंगत होगा। प्रमुख महाद्वीपों के विषय में बताने के साथ ही भूमध्य रेखा पर गर्मी अधिक तथा ध्रुवों पर कम क्यों लगती है? समुद्र का पानी खारा क्यों होता है? समुद्र के पास के नगरों में शीत तथा ग्रीष्म का तापान्तर अन्य क्षेत्रों की तुलना में कम क्यों होता है सदृश प्रश्नों के विषय में जानकारी प्रदान किए जानेवाला पाठ्यक्रम कक्षा 8 के विद्यार्थियों को कराना जाना उचित होगा। मौसम, ऋतु, ज्वार-भाटा और सूर्यग्रहण तथा चन्द्रग्रहण से सम्बन्धित तथ्यात्मक जानकारी को समाविष्ट करनेवाली पाठ्यसामग्री बच्चों के लिए उचित होगी। चट्टानों तथा मिट्टियों के विषय में बताना उचित होगा। भारत तथा उसके प्रदेश, विविध प्रदेशों की विविध भौगोलिक व सांस्कृतिक विशेषताओं और फसलों का ज्ञान प्रदान करनेवाली विषयवस्तु भी मध्य स्तरीय कक्षों में बताया जाना समीचीन कहा जाएगा। इसके अतिरिक्त काष्ठशिल्प, गृहशिल्प तथा पुस्तककला का भी किंचित्-किंचित् ज्ञान कराया जाना उपयुक्त होगा।

प्रत्येक स्तर पर पठन-पाठन की सामग्री तथा शैली ऐसी होनी चाहिए जिससे बच्चों की विश्लेषणात्मक तथा रचनात्मक क्षमता का संवर्द्धन हो। विषयवस्तु का

रटन चिन्तन की प्रवृत्ति का क्षरण करता है। इसी प्रकार नितान्त अपरिचित की अपेक्षा परिचित विषयवस्तु पर आधारित पाठ्यसामग्री बच्चों की रुचि और अधिगम दोनों ही प्रकार के सामर्थ्य को बढ़ाती है। राष्ट्रीय शिक्षा नीति 2020 में उल्लिखित है—

> "स्कूली पाठ्यक्रम के बोझ में कमी, और बढ़े हुए लचीलेपन, और रटकर सीखने के बजाय रचनावादी तरीके से सीखने पर नये सिरे से जोर के साथ-साथ स्कूल की पाठ्यपुस्तकों में भी बदलाव होने चाहिए। सभी पाठ्यपुस्तकों में राष्ट्रीय स्तर पर महत्त्वपूर्ण मानी जानेवाली आवश्यक मूल सामग्री (चर्चा, विश्लेषण, उदाहरण और अनुप्रयोग के साथ) को शामिल करना होगा, लेकिन इसके साथ ही स्थानीय सन्दर्भों और आवश्यकताओं के अनुसार किसी भी वांछित बारीकियों और पूरक सामग्री को भी शामिल करना चाहिए।"[1]

इस प्रकार अद्यावधिक शिक्षा नीति तथा मनोवैज्ञानिक दृष्टि—दोनों ही चित्रात्मक शैली, गेयपद्य और प्रेरणास्पद तथा जीवन कौशल से समन्वित कहानियों के माध्यम से दी जानेवाली शिक्षण पद्धति का पोषण करती हैं। एक व्यावसायिक तथा प्रशिक्षित शिक्षक के लिए छात्र को आकर्षित करने एवं उनमें नैतिकता का समावेश करने के लिए भी वर्णित पाठ्यसामग्री तथा शिक्षण प्रविधि लाभकारी होगी।

सन्दर्भ ग्रंथ

1. श्रीमद्भगवद्गीता, गोविंद भवन कार्यालय, गीताप्रेस गोरखपुर।
2. डॉ. कृपाल सिंह सूदन (2016) : समाजकार्य सिद्धान्त एवं अभ्यास, नवज्योति सिमरनजीत पब्लिकेशन।
3. Elizabeth B. Hurlock; Developmental Psychology, Fourth Edition, TATA McGraw Hill Publishing.

1. राष्ट्रीय शिक्षा नीति 2020 : मानव संसाधन विकास मंत्रालय भारत सरकार, पृ. 25-26

प्राथमिक शिक्षा के सन्दर्भ में मूल्यांकन तथा परीक्षा का औचित्य

मूल्यांकन वस्तुत: किसी भी कार्य या अवस्थिति का आकलन है। यह गुणात्मक तथा परिमाणात्मक उभयविध व्यवहार तथा अध्ययन का आधार होता है। किसी व्यक्ति के सन्दर्भ में यह निरन्तर एवं सुव्यवस्थित गुण-दोष की विवेचना, आधिगमिक दुर्बलता तथा प्रत्युत्पन्नमतित्व के मूल्यांकन के साधन के रूप में प्रयुक्त होता है। यह निर्विवाद धारणा है कि प्रत्येक बच्चा अपने आपमें अनूठा होता है। बच्चों की समझ-शक्ति तथा शिक्षण के प्रति रुचि की भिन्नता उनकी ग्रहण क्षमता को भी भिन्न-भिन्न रूप से प्रभावित करती है। ऐसे में मनोयोग से पढ़नेवाले छात्र शिक्षक द्वारा समान रूप से पढ़ाए जाने पर भी विषयवस्तु को समझने की पृथक्-पृथक् स्थिति में पाए जाते हैं। समझ की भिन्नता इतनी अधिक होती है कि शिक्षण व्यवस्था में लगे व्यक्ति (शिक्षक, अधिकारी तथा कार्यालयीय कर्मचारी) कतिपय छात्रों को अगले स्तर की कक्षा में प्रोन्नत किए जाने के योग्य नहीं मानते हैं तो कुछ को बहुत ही अच्छा मानते हैं। इस दृष्टि से यह किसी बच्चे को अगली कक्षा में प्रवेश देने या न देने के निर्णय के आधार के रूप में प्रयुक्त होता है; परन्तु इसे मात्र इसी रूप में जानना या वर्णित करना उचित नहीं है। यह शिक्षक द्वारा किया जानेवाला सतत कार्य है जो शिक्षणार्थ क्रियात्मक शोध एवं छात्रों की मन:स्थिति का इदमित्थम् आकलन कर उन्हें पठनार्थ अभिप्रेरित करने के लिए प्रयोग में लाया जाता है। इस प्रकार विस्तृत अर्थों में मूल्यांकन, छात्रों की समस्याओं का निदान कर उसका समाधान करने का साधन है। शिक्षक इसके द्वारा आत्ममूल्यांकन भी करता है कि बच्चों को वह किस सीमा तक विषयवस्तु का अवबोध कराने में सफल हुआ है। इसके आधार पर वह स्वयं की शिक्षणशैली में यथावश्यक संशोधन करता है। पाठ्ययोजना, पाठन-विधि तथा प्रविधि में सुधार और परिमार्जन के लिए मूल्यांकन जिसमें अर्धवार्षिक तथा वार्षिक परीक्षाएँ भी सम्मिलित हैं—नितान्त महत्त्वपूर्ण कार्य है। सतत एवं व्यापक

मूल्यांकन को शिक्षा के लिए वे लोग भी आवश्यक मानते हैं जो वार्षिक परीक्षाओं के विरोध में तर्क देते हैं। शिक्षक सतत एवं व्यापक मूल्यांकन को 'पाठ्यचर्या-निर्धारण' तथा उसमें किए जानेवाले अपेक्षित संशोधन के लिए भी साधन के रूप में प्रयोग करते हैं। इसके आधार पर वे अपने पढ़ाने की शैली के दुर्बल पक्ष तथा सबल पक्ष का आकलन कर पाठ्ययोजना तैयार करते हैं। डॉ. अरविन्द चन्द्रा का यह कथन बहुत ही सारगर्भित है कि पाठ्यचर्या प्रभावी तरीके से सुनियोजित की गई है कि नहीं तथा उसका प्रयोग प्रभावपूर्ण ढंग से किया गया है कि नहीं, अन्तिम परीक्षा द्वारा कृत आधिगमिक मूल्यांकन के परिणामों में दर्शित होता है। मूल्यांकन में मूल्यांकन की आवश्यकता का ज्ञान और मूल्यांकन की विविधि विधियों और प्रविधियों की जानकारी समाहित है।[1]

स्पष्ट है कि शिक्षक, शिष्य तथा शिक्षणार्थ विषयवस्तु की दृष्टि से मूल्यांकन आतिशयिक महत्त्व का कार्य है। यह जितनी ही तटस्थता तथा शुद्धता से सम्पन्न होगा उसका परिणाम उतना ही लाभकारी होगा।

सम्प्रति कतिपय विशेषज्ञों का मानना है कि कम उम्र के वे बच्चे जो किन्हीं कारणों से अपने साथियों से पिछड़ जाते हैं के ऊपर मूल्यांकन नकारात्मक प्रभाव डालता है। यद्यपि इस विचारधारा के पोषक, बच्चों का सतत मूल्यांकन होना तो उचित मानते हैं; परन्तु इसे सही नहीं मानते हैं कि उनकी परीक्षा हो। उनका दृढ़ अभिमत है कि इससे अपने साथियों से पिछड़ जानेवाले बच्चों में हीनभावना तथा दोषभावना घर करती हैं जो शनैः-शनैः उनके वैयक्तिक विकास को अवरुद्ध कर देती हैं। इसकी स्वाभाविक परिणति उन्हें एकाकीपन तथा विद्यालय से पलायन की मनोवृत्ति से ग्रस्त करती है जो विद्यालयीय छात्र ठहराव को कम करती है। यह व्याख्या 'परीक्षा व्यवस्था' को सर्वशिक्षा के महान् उद्देश्य की प्राप्ति में बाधक सिद्ध करती है। कतिपय विशेषज्ञों का मत है कि बच्चे परीक्षा के लिए पढ़ते हैं और जब परीक्षा ही नहीं होगी तब बच्चे विद्यालय भले ही आएँ लेकिन ध्यानस्थ होकर गम्भीरता से शिक्षक की बातों को नहीं सुनेंगे जिससे गुणात्मकता क्रमशः क्षरण को प्राप्त करते हुए समाप्तप्राय हो जाएगी। इस सम्बन्ध में प्राथमिक शिक्षकों से मेरी निरन्तर वार्ता हुई है जो दृढ़ता के साथ 'परीक्षा' को आवश्यक मानते हैं। हाल ही

---

1. Whether the curriculum has been planned effectively, and whether it has been used effectively, will be reflected in the end results, through evaluation of learning. Evaluation is, therefore, an integral part of the entire teaching process. Evaluation involves knowing the need for evaluation, and knowing the various methods and techniques to evaluate learning.

—Arvinda Chandra , Curriculum Development and Evaluation in Education, Sterling Publishers Private Limited, New Delhi, p. viii

में 'हिन्दुस्तान' ने विविध शिक्षकों एवं सहसमन्वयकों से वार्ता कर उनका अभिमत प्रकाशित किया कि परीक्षा से बच्चों में प्रतिस्पर्धा की भावना बढ़ती है जो शैक्षिक गुणवत्ता को सुधारती है। उनके द्वारा प्रकाशित समाचार निम्नवत् है—

'प्राथमिक विद्यालय मुंगारी द्वितीय, करछना की वत्सला मिश्रा कहती हैं कि परीक्षा व्यवस्था बहुत आवश्यक है। परीक्षा नहीं होने से बच्चों को लगता है कि पढ़ें या नहीं अगली क्लास में तो चले ही जाएँगे। ब्लॉक संसाधन केन्द्र जसरा के सह समन्वयक विज्ञान, सुनील तिवारी ने कहा कि परीक्षा न होने से बच्चों में मनोवैज्ञानिक धारणा बन जाती है कि पढ़ें या नहीं, पास तो होना ही है।' ऐसे ही विचार आदर्श पूर्व माध्यमिक विद्यालय सी.पी.आई. के शिक्षक वसुबन्धु सिंह तथा पूर्व माध्यमिक विद्यालय मुट्ठीगंज की शिक्षिका रेनू विज द्वारा भी अभिव्यक्त किए गए।[1]

उल्लिखित सर्वेक्षण भी यही स्पष्ट करता है कि प्राथमिक शिक्षा में लगे हुए व्यक्तियों का भी दृढ़ मत है कि परीक्षा, पठन-पाठन की साधिका ही है, बाधिका नहीं। यह सत्य भी है; क्योंकि परीक्षा छात्रों को आत्ममूल्यांकन का तटस्थ आधार प्रस्तुत करती है। वे अपनी दुर्बलताओं तथा श्रेष्ठताओं को वास्तविक रूप से आकलित करने में समर्थ होते हैं। कक्षा में अनुत्तीर्ण होने की विषम स्थिति और साफल्य द्वारा प्राप्त प्रस्थिति का परिकल्पनात्मक परिकलन कर शिक्षण के प्रति गम्भीर होते हैं। परिणाम यह होता है कि वे ध्यानस्थ होकर सीखने का स्वतः निर्णय लेते हैं अर्थात् अधिगमार्थ आत्मप्रेरित होते हैं। यह प्रेरणा उनमें सहयोग एवं समन्वय के गुण भी सहज ही विकसित करती है। वे परस्पर ज्ञात तथ्यों को एक-दूसरे को बताते हैं जिससे परीक्षाओं में सफल हो सकें। निर्भ्रान्त रूप से यह प्रक्रिया उनके समाजीकरण को परिपुष्ट करती है जिसका परिणाम सुसंस्कृत एवं गम्भीर मानव संसाधन की प्राप्ति की सम्भावना का जनन एवं पोषण करता है।

यह भी देखा जाता है कि बच्चे शिक्षकों की व्यक्तिगत टिप्पणियों से बहुत अधिक प्रभावित होते हैं। शिक्षकों द्वारा दिए गए मानसिक समर्थन वाले वाक्यों तथा अभिमतों से उनमें पढ़ाई के प्रति उत्साह तथा लगनशीलता पैदा होती है। शिक्षकों की नकारात्मक अभिव्यक्तियाँ छात्रों में उत्साहहीनता एवं हीनभावना पैदा करती हैं जो उन्हें शालात्यागिता की तरफ धकेलती हैं। ऐसे में शिक्षक का दायित्व बढ़ जाता है कि वह एक तटस्थ तथा व्यावसायिक कुशल नियन्ता के रूप में व्यवहार करते हुए छात्रों में हीनभावना या दोष भावना का जनन न होने दे। अनुसन्धाताओं द्वारा यह निष्कर्ष दिया गया है कि चतुर एवं योग्य शिक्षक का व्यवहार न केवल अपने व्यक्तिगत गुणों बल्कि छात्रों से प्राप्त अधिगमात्मक प्रतिपुष्टि से भी प्रभावित तथा नियंत्रित होता है। डॉ. अरविन्द चन्द्रा का मत है कि शोध से यह दर्शित है कि

---

1. हिन्दुस्तान, प्रयागराज, 5 जनवरी, 2019, पृ. 6

शिक्षक की भूमिका उसके व्यक्तित्व की विशेषताओं पर ही निर्भर नहीं है, बल्कि छात्रों के व्यक्तित्व-वैशिष्ट्यों पर भी आधृत है। इस अन्वेषित निष्कर्ष का अर्थ है कि शिक्षक अपने छात्रों से स्वकार्य निष्पादन प्रभाव को जानना चाहता है।[1]

उपर्युक्त विवेचना से यह ध्वनित होता है कि छात्र तथा शिक्षक दोनों के लिए ही यह मूल्यांकन आवश्यक है। अब भी यह चिन्ता अवशेष है कि क्या छोटी कक्षाओं के छात्र विशेषत: जो तीन से चौदह वर्ष की उम्र के बच्चे हैं उनमें परीक्षा का भय उनके व्यक्तित्व को क्षीण नहीं करेगा? क्या यह भयावह परीक्षा उनके विद्यालय के प्रति विद्यमान आकर्षण को विकर्षित कर समाप्तप्राय नहीं कर देगी? इस पर विचार करने पर भी यही निष्कर्ष निकलता है कि यह काल्पनिक भय नगण्य प्रभाव डालेगा, जिसे योग्य एवं प्रशिक्षित शिक्षक अपने कौशल से दूर कर देगा। एतदर्थ शिक्षकों को समय-समय पर दिया जानेवाला बोधात्मक प्रशिक्षण लाभकारी होगा।

पूर्व प्राथमिक को छोड़ दिया जाए तो कक्षा 1 से 8 तक के छात्रों की आयु छह से चौदह वर्ष तक की है। इस उम्र के बच्चे अपने समूह में अपनी पहचान बनाना चाहते हैं। समाज से अपनी स्वीकृति और उपलब्धियों की चर्चा की अपेक्षा करते हैं। इस प्राप्ति, प्यार और स्वीकृति का अभाव उनमें एकाकीपन और अवसाद का बीजारोपण कर सकता है। शिक्षक इसे ध्यान में रखते हुए प्रत्येक बच्चे का सतत मूल्यांकन करता है और तदनुसार मानसिक संबल देता है।

मनोवैज्ञानिक दृष्टि से यह वह अवस्था है जब बच्चा समूह में स्वीकृति के साथ ही क्रोध, भय, उत्सुकता, ईर्ष्या और प्यार तथा दुख के भावों से सराबोर होता है। विपरीत परिस्थितियाँ उसे झकझोर देती हैं। वह तेजी से आगे बढ़ने का प्रयास करता है जिससे समाज में स्थान बना सके। इन मनोभावों की तीव्रता इतनी अधिक होती है कि वे अभिभावकों द्वारा सचेत किए जाने पर कि अमुक कार्य न करो क्योंकि अभी तुम छोटे हो, वे उद्विग्न तथा क्रोधाभिभूत हो जाते हैं। उन्हें लगता है कि उनके अभिभावक उनको उन कार्यों की अनुमति भी नहीं देते हैं जिन्हें करने का उनमें सामर्थ्य है। इस सम्बन्ध में एलिजाबेथ बी. हरलॉक अपना अभिमत प्रकट करते हुए लिखती हैं—'अधिकांश छोटे बच्चे महसूस करते हैं कि उनके माता-पिता जितना करने की अनुमति देते हैं वे उससे अधिक करने में समर्थ हैं और जो प्रतिबन्ध उन

1. Research has shown that the role of the teacher is dependent not only upon her personality characteristics, but also upon the personality characteristics of the students. This finding implies that the teacher receives her feedback from the students.

—Arvinda Chandra (1977) : Curriculum Development and Evaluation in Education, Sterling Publishers Private Limited, New Delhi. p. 42

पर लगाए जाते हैं उसके विरुद्ध वे विद्रोह करते हैं।'[1] तात्पर्य यह है कि बहुत से ऐसे बच्चे होंगे जो अपनी उम्र तथा कक्षा से अधिक करने की क्षमता तथा इच्छा रखते हैं, उन्हें इसके लिए अवसर प्रदान करना शिक्षक का दायित्व होता है। हमारे प्राथमिक विद्यालयों में शिक्षा ग्रहण करनेवाले छात्रों में से अधिकांश के माता-पिता या अन्य अभिभावक ऐसे नहीं हैं जो अपेक्षित मनोवैज्ञानिक परिपक्वता से युक्त हैं। बहुत से छात्र तो अभी भी प्रथम पीढ़ी के औपचारिक शिक्षण-प्राप्तकर्ता हैं। इस स्थिति में शिक्षक द्वारा वर्णित उत्तरदायित्व का निर्वहन नितान्त आवश्यक हो जाता है। यह तभी सम्भव है जब परीक्षा व्यवस्था लागू हो और प्रत्युत्पन्नमति बच्चों को अपने अधिकतम की अभिव्यक्ति का अवसर मिले।

प्रत्येक दृष्टि से विचार करने पर परीक्षा अनिवार्य प्रमाणित होती है। यह मानकर कि बच्चे अपेक्षित पाठ्यसामग्री का ज्ञान नहीं कर सकते हैं या शिक्षक पढ़ाता नहीं है या न तो कभी बच्चों की समझ में आएगा और न ही शिक्षक पढ़ाएगा; इसलिए बच्चों की परीक्षा ही न ली जाए जैसा नकारात्मक निर्णय सर्वथा अनुचित कहलाएगा।

प्राथमिक स्तर पर जब भी किसी छात्र की मानसिक स्थिति एवं बुद्धिलब्धि के अधिकतम उपयोग करने की भावना बलवती होती है; शिक्षक उसकी वर्तमान अवस्थिति का ज्ञान करता है। एतदर्थ वह उसकी प्रत्येक गतिविधि—बोलना, लिखना तथा साथियों और शिक्षकों आदि से व्यवहार करना आदि—का सूक्ष्मता से अध्ययन करता है। इस अध्ययन के आधार पर वह सम्बन्धित बच्चे की सीखने की प्रक्रिया में आनेवाली बाधाओं का निदान करता है। इस निष्कर्षात्मक निदान के आधार पर वह छात्र से व्यवहार करता है जिसका लक्ष्य छात्र के ज्ञानप्राप्ति के स्तर को बढ़ाना होता है। मूल्यांकन के आधार पर ही कतिपय छात्रों के लिए विशेष उपचारात्मक कक्षाओं का आयोजन किया जाता है जिससे उनकी अन्तर्निहित क्षमताओं का अधिकतम उपयोग हो पाता है। मूल्यांकन की इस निरन्तरता से बच्चे स्वयं भी अपना आकलन कर सही दिशा में प्रयास करते हुए अपने लक्ष्य की तरफ बढ़ते रहते हैं। यद्यपि छात्र द्वारा कृत यह आत्ममूल्यांकन अनायास ही सम्पन्न होता है; तथापि यह अत्यन्त महत्त्वपूर्ण एवं लाभदायक सिद्ध होता है; क्योंकि बच्चे आत्मविषयक निदानात्मक आकलन से अभिप्रेरित हो शिक्षक के प्रत्येक कथन के प्रति गम्भीरतापूर्ण व्यवहार करते हैं। वे पठन-पाठन के प्रति रुचि एवं मनोयोग के आधिक्य को दर्शाते हैं। ऐसी स्थिति में शिक्षक जब उनसे

---

1. Most young children feel that they are capable of doing more than their parents will permit them to do and revolt against the restrictions placed upon them.

—Elizabeth B. Hurlock, Developmental Psychology (Fourth Edition) : TATA McGraw Hill Publishing Company LTD., New Delhi, p. 99

आत्मीयता के साथ बात करते हुए औपचारिक शिक्षण से इतर बातें करता है तो अधिगम की सम्प्राप्ति की दृष्टि से पिछड़े हुए छात्र भी तनाव शैथिल्य का अनुभव करते हैं। स्पष्ट है कि अभिव्यक्त स्थिति में सभी बच्चे चाहे वे औसत दर्जे के सामान्य छात्र हों या विशिष्ट कोटि के मेधावी अध्येता हों, सभी पढ़ाए जानेवाले विषयों पर अपेक्षाकृत अधिक केन्द्रस्थ होते हैं।

ज्ञातव्य है कि अच्छा करने के लिए त्रुटियों का निराकरण कर अच्छी तरह से कार्य करना नितान्त आवश्यक होता है। यह तभी सम्भव है जब यह ज्ञात हो सके कि वे कौन सी दुर्बलताएँ हैं, जिनको दूर किया जाना अपेक्षित है। वह कौन सा कृत्य है जो सही है जिससे लक्ष्य की प्राप्ति सम्भव है, क्योंकि तभी तो इस सकारात्मक कार्य पर और अधिक बल दे सकेंगे और नकारात्मक कृत्य या उसके घटक को समाप्त कर सकेंगे। यह सर्वमान्य है कि उपचारार्थ, लक्ष्य के प्राप्तयर्थ और निष्पादन के स्तरोन्नयनार्थ सकारात्मकता को गति प्रदान करना लाभकारी होता है और नकारात्मकता का त्यजन परमावश्यक होता है। इस सकारात्मक तथा नकारात्मक घटकों का 'ज्ञान', निदान पर आधृत होता है। 'निदान' की परिशुद्धता अर्थात् इदमित्थम् अवस्थिति अध्ययन और परीक्षण पर निर्भर करती है। इस प्रकार शिक्षण-व्यवस्था की गुणात्मकता में वृद्धि हेतु मूल्यांकन अत्याज्य सिद्ध होता है। प्राथमिक शिक्षा में सुधार विषयक चिन्तन में लगे हुए चिन्तकों ने भी इसे स्वीकारा है तभी तो शिक्षण-व्यवस्था में सतत एवं व्यापक मूल्यांकन तथा क्रियात्मक शोध को महत्ता प्रदान करते हुए लागू किया गया है। वर्णित स्थिति में भ्रान्तिरहित होकर कहा जा सकता है कि प्राथमिक स्तर पर बच्चों में ज्ञान की पिपासा का जनन तथा उच्च संस्कार के बीजवपन के लिए उनकी गतिविधियों पर दृष्टि रखना तथा सम्प्राप्ति का मूल्यांकन करना न केवल आवश्यक है; बल्कि अपरिहार्य भी है। इस सम्बन्ध में लेखकत्रय जे. वेन राइटस्टोन तथा जोसेफ जस्टमैन और इरविंग राविंसन ने अपना मत निम्नवत् प्रकट किया है—

"मूल्यांकन के प्रयोजन हैं पाठ्यचर्या के उद्देश्यों की ओर छात्रों की प्रगति के माप के लिए प्रमाण का संग्रह और अध्यापकों और परिवीक्षकों को पाठ्यचर्या सम्बन्धी अनुभवों, क्रियाकलाप और शैक्षिक विधियों के प्रभाव के मूल्यांकन की क्षमता देना। मूल्यांकन के कार्य ये हैं : छात्रों की वैयक्तिक वृद्धि के निर्देशन की व्यवस्था करना; उनकी कमजोरियों और शक्तियों का निदान करना; जहाँ उनका उपचार सम्भव हो, वहाँ उसकी ओर संकेत करना और पाठ्यचर्या में संशोधन या छात्रों की व्यक्तिगत और सामूहिक आवश्यकताओं की पूर्ति के लिए अनुभवों के पुरःस्थापन के लिए आधार प्रस्तुत करना।"[1]

1. जे. वेन राइटस्टोन, जोसेफ जस्टमैन तथा इरविंग रॉबिन्स : आधुनिक शिक्षा में मूल्यांकन, यूरेशिया पब्लिशिंग हाउस, (प्रा.) लिमिटेड, रामनगर, नई दिल्ली, पृ. 16

निष्कर्ष यह है कि छात्र से लेकर शिक्षक तक, शैक्षिक गतिविधि (अध्ययन तथा अध्यापन) से लेकर प्रबन्धन तक शैक्षणिक उद्देश्यों के सांगोपांग अध्ययन, कठिनाइयों के निदान तथा तदनुसार समाधान के लिए 'परीक्षा' एक सार्थक कार्य है। हाँ, यह भी स्वीकरणीय है कि इसकी विविध विधाओं में से मनोवैज्ञानिक दृष्टि से वयोनुरूप को ही सतर्कता के साथ प्रयोग में लाना चाहिए। इस दृष्टि से विचार करने पर कक्षा एक की परीक्षा तथा कक्षा आठ की परीक्षा की शैली में पर्याप्त अन्तर रखने का निर्णय लिया जाना समीचीन होगा।

एक शिक्षक अपने छात्रों के अधिगम का स्तर जानने के लिए मुख्यतः तीन परीक्षण-प्रणालियों का प्रयोग करता है। वे हैं—

1. मौखिक परीक्षा
2. लिखित परीक्षा
3. प्रयोगात्मक परीक्षा

तीनों ही विविधाँ छात्रों के अर्जित ज्ञान, कौशल तथा अवबोधक्षमता का आकलन करने में समर्थ हैं। शिक्षक भी अपनी तरह से यथासमय निर्धारित योजना के आलोक में तीनों ही विधियों को अपनाता है। मौखिक उत्तर प्राप्त करना हो या लिखित—दोनों ही स्थितियों में—विषयगत तथा वस्तुगत उभयविध प्रश्न पूछे जाते हैं। लिखित उत्तर हेतु प्रश्नों के मुख्य प्रकार हैं—

1. बहुविकल्पीय प्रश्न
2. वाक्य पूर्ति अथवा खाली स्थान भरने से सम्बन्धित प्रश्न
3. लघूत्तरीय प्रश्न
4. बृहदुत्तरीय प्रश्न

उक्त के साथ ही गलत-सही संकेतक तथा तार्किक क्षमता-विश्लेषक प्रश्न सारणियाँ भी होती हैं। लिखित उत्तर की वर्णित पृथक्-पृथक् प्रणालियों का अपना-अपना वैशिष्ट्य, महत्त्व तथा सीमाएँ हैं। उदाहरणार्थ बहुविकल्पीय प्रश्न जानकारी की सटीक स्थिति की अपेक्षा करता है; लेकिन यदि छात्र अंशतः जान रहा है और अंशतः अस्पष्ट है तब भी या तो मूल्यांकन में शत-प्रतिशत सही सिद्ध होगा या शत-प्रतिशत गलत। लघु उत्तरीय प्रश्न के माध्यम से जानकारी के अभिव्यक्तीकरण का बोध होता है जबकि बृहद् उत्तर के द्वारा ही छात्रों के प्रस्तुतीकरण की क्षमता का स्पष्ट ज्ञान हो सकेगा। इससे सिद्ध होता है कि सभी परीक्षण-विधियों की अपनी-अपनी विशेषताएँ एवं दुर्बलताएँ हैं जिसे सावधानी के साथ प्रयुक्त करने की आवश्यकता होती है। इन तथ्यों को ध्यान में रखते हुए समीचीन होगा कि पूर्व प्राथमिक स्तर के बच्चों की बातचीत तथा समझ-शक्ति का अवलोकन कर शिक्षक उनकी प्रगति का मूल्यांकन करे। चित्रों को पहचाने तथा उनके विषय में बताकर बच्चे शिक्षक के समक्ष अपनी योग्यता प्रदर्शित कर सकते हैं। कक्षा-1 तथा कक्षा-2 की विद्यालयीय

शिक्षा आधारभूत स्तर (फाउंडेशनल लेवल) की शैक्षणिक व्यवस्था के रूप में वर्णित करते हुए 'प्रारम्भिक बाल्यावस्था देखभाल और शिक्षा' के साथ ही किया जाना नवीन शिक्षा नीति 2020 द्वारा प्रावधानित है। इन कक्षाओं के बच्चे अत्यन्त सुकोमल होते हैं इसलिए उनके कार्यों का सतत मूल्यांकन करते हुए उनकी वार्षिक परीक्षा की औपचारिकता आत्मीयतापूर्ण वातावरण में की जानी चाहिए। उनकी आयु को दृष्टिगत करते हुए उचित होगा कि उनके अधिगम की वार्षिक परीक्षा विद्यालयीय शिक्षकों द्वारा ही की जाए। उनका मूल्यांकन चित्राधारित मौखिक प्रश्नोत्तर के माध्यम से किया जाना युक्तिसंगत होगा। शिक्षक यदि उचित समझे तो अपने स्तर से कतिपय शब्दों तथा वाक्यों को लिखने के लिए कह सकता है। कक्षा-3 के छात्रों की परीक्षा चित्राधारित के साथ-साथ लिखित होनी चाहिए। भाषा तथा गणित पर बल देते हुए पाठ्यक्रम से परीक्षण-वस्तु का चयन कर बहुविकल्पीय प्रश्नों का निर्माण कर शिक्षक मौखिक तथा लिखित प्रश्नों के माध्यम से परीक्षा ले सकता है। ये बहुविकल्पीय प्रश्न बच्चों के वास्तविक ज्ञान को व्यक्त करते हैं और तार्किकता भी बढ़ाते हैं। प्रश्न ऐसे हों जिससे छात्र सहज ही उत्तर को पहचान सके। मौखिक तथा बहुविकल्पीय प्रश्नों के सही उत्तर देने पर छात्रों में आत्मविश्वास बढ़ेगा। गलत उत्तर देने पर वह कहता है और सोचता भी है कि एक बार मैं इस विकल्प को ही चुन रहा था; लेकिन ऐसा विचार कर मैंने उसे नहीं चुना। तात्पर्य यह है कि दोनों ही स्थितियों में उसकी तर्कक्षमता तथा सही तक पहुँचने की गति बलवती होती है। कक्षा-4 की परीक्षा के समय लघुउत्तरीय प्रश्नों को भी समाविष्ट किया जाना उचित होगा। ये बच्चे 7 वर्ष (3 वर्ष पूर्वप्राथमिक + 4 कक्षा) तक निरन्तर अध्ययन कर चुके होते हैं, इसलिए छोटे-छोटे एक-दो वाक्यों के उत्तर वाले प्रश्न पूछे जाने चाहिए। इससे उनकी लेखन-क्षमता का भी मूल्यांकन हो जाएगा। मौखिक तथा बहुविकल्पीय प्रश्न भी होने चाहिए; क्योंकि छात्र कतिपय प्रश्नों के उत्तर सहजता से प्राप्त कर लेंगे जिससे उनकी सफलता की सम्भावना में वृद्धि होगी। मौखिक रूप से उत्तर बताते समय बच्चों में आत्मविश्वास बढ़ेगा तथा जो बच्चे उत्तर से अनभिज्ञ होंगे वे दूसरों का सुनकर लाभ उठाएँगे। परीक्षा की मन:स्थिति उनको अधिगमार्थ ध्यानस्थ करेगी। शिक्षक किससे किस प्रकार के प्रश्न पूछता है वह स्वयं के विवेक से निर्धारित करेगा; परन्तु विषयवस्तु पाठ्यक्रम से ही लेगा।

कक्षा-5, प्रारम्भिक (प्रीपेयरेटरी) स्तर की सर्वोच्च कक्षा है। अत: जो बच्चे पाँचवीं कक्षा की वार्षिक परीक्षा में सम्मिलित होते हैं उनके लिए प्रश्न-पत्र के माध्यम से सम्पन्न कराई जानेवाली परीक्षा में ऐसे प्रश्न होने चाहिए जिनसे विषय ज्ञान के साथ-साथ शुद्ध लेखन का भी परीक्षण किया जा सके। विषयवस्तु के उपस्थापन की क्षमता भी मूल्यांकन का ध्येय होना चाहिए। एतदर्थ निबन्ध लेखन की परीक्षा भी होनी चाहिए; क्योंकि इससे बच्चों के तरतम भाव को ध्यान में रखते हुए विषय

को प्रस्तुत करने के सामर्थ्य का ज्ञान होता है। निबन्ध लेखन बच्चों में विस्तृत अध्ययन करने तथा सुव्यवस्थित तरीके से विषय सामग्री को उपस्थापित करने की कला को विकसित करता है। यह क्षमता बच्चे में कितनी मात्रा में विद्यमान है तथा उसमें कितनी कल्पनाशीलता अन्तर्निहित है का मूल्यांकन भी निबन्धात्मक परीक्षा के माध्यम से किया जा सकेगा।

मध्यस्तर (कक्षा 6 से 8) की वार्षिक परीक्षा भी कक्षा 5 की ही तरह वस्तुनिष्ठ, बहुविकल्पीय तथा लघुउत्तरीय के साथ-साथ विस्तृत उत्तर की अपेक्षा करनेवाली होनी चाहिए। बहुविकल्पीय प्रश्न जहाँ विस्तृत पाठ्यक्रम के परीक्षण के लिए उपयुक्त होंगे वहीं विस्तृत उत्तर की अपेक्षा वाले प्रश्न तथा निबन्ध छात्रों को विस्तृत अध्ययन के लिए प्रेरित करेंगे। निबन्ध बच्चों की कल्पनाशक्ति एवं सुव्यवस्थित प्रस्तुतीकरण की प्रवृत्ति को पुष्ट करता है।

निष्कर्ष यह है कि परीक्षा होनी चाहिए; लेकिन सतर्कता के साथ बच्चों की वयोजन्य मनोवैज्ञानिक विशेषताओं को दृष्टिगत करते हुए परीक्षण-विधि एवं शैली को अपनाते हुए, जिससे बच्चों की आत्ममूल्यांकन क्षमता बढ़ सके और उन्हें अपनी योग्यता सिद्ध करने का अवसर मिल सके। यह शिक्षकों को भी आत्ममूल्यांकन कर शैक्षणिक पद्धति में संशोधन करने का आधार प्रदान करती है। इससे उन्हें बच्चों की व्यक्तिगत दुर्बलताओं तथा कठिनाइयों का निदान कर उपयुक्ततम समाधान करने का आधार प्राप्त होता है। अर्थात् पठन-पाठन विषयक समस्याओं के अध्ययन, निदान तथा तदनुसार उपचारात्मक समाधान की दृष्टि से सतत मूल्यांकन एवं परीक्षा अत्यन्त महत्त्वपूर्ण और अत्याज्य है।

सन्दर्भ ग्रंथ

1. Arvinda Chandra (1977) : *Curriculum Development and Evaluation in Education,* Sterling Publishers Private Limited, New Delhi.
2. Elizabeth B.Hurlock, *Developmental Psychology (Fourth Edition)* : TATA McGraw Hill Publishing Company LTD, New Delhi.
3. हिन्दुस्तान, प्रयागराज, 5 जनवरी, 2019
4. जे. वेन राइटस्टोन, जोसेफ जस्टमैन तथा इरविंग रॉबिन्स, आधुनिक शिक्षा में मूल्यांकन, यूरेशिया पब्लिशिंग हाउस (प्रा.) लिमिटेड, रामनगर, नई दिल्ली

शिक्षक और उसका बहु-आयामी व्यक्तित्व

समाज का निर्माण व्यक्तियों, व्यवस्थार्थ स्थापित औपचारिक तथा अनौपचारिक नियमों और अन्योन्य क्रियाओं से होता है। अत: उसके सर्वतोमुखी विकास के लिए उसके अवयव प्रत्येक व्यक्ति का सम्यक् तथा सर्वांगीण विकास आवश्यक है। यह तभी सम्भव है जब सभी बच्चों को विकास एवं संस्कार का अवसर उपलब्ध हो। विविध अध्ययनों एवं शोधों से यह सिद्ध हो चुका है कि प्रत्येक व्यक्ति में कतिपय वयोजन्य प्रवृत्तियाँ पाई जाती हैं जो उनके व्यवहारों में परिलक्षित होती हैं। इन स्वाभाविक विशेषताओं को समझते हुए तथा मनोविज्ञान समर्थित व्यवहार को अपनाते हुए शिक्षक जब बच्चों को शिक्षा देता है तब उनमें सामाजिक संस्कारों का जनन होता है। स्पष्ट है कि शिक्षक का एक अच्छा मनोवैज्ञानिक होना बच्चों की दृष्टि से अत्यन्त उपयोगी है।

समाज के प्रति संवेदनशील विचारकों ने अपने-अपने शब्दों में यह व्यक्त किया है कि जिस समाज में संवेदनशीलता तथा अन्याय के प्रति प्रतिक्रिया व्यक्त करने की शक्ति एवं साहस होता है उसकी प्रगति निर्बाध एवं तीव्र गति से होती है। इसके विपरीत अन्यमनस्क तथा संवेदनहीन एवं पारस्परिक घनिष्ठता विरहित समाज निरन्तर पथभ्रष्ट होते हुए पतन को प्राप्त होते हैं।

ध्यातव्य है कि समाज का निर्माण व्यक्तियों के साथ ही उनके बीच विद्यमान सम्बन्धों एवं प्रचलित परम्पराओं तथा नियमों के बन्धनों से होता है। अन्त:सम्बन्ध एवं पारस्परिक व्यवहार जितना ही स्वस्थ होगा, समाज उतना ही संगठित, प्रगतिशील और बलिष्ठ होगा। सम्भवत: यही कारण है कि सामाजिक विचारकों द्वारा माना गया है कि दया, करुणा, संवेदनशीलता, पारस्परिक सहयोग तथा समन्वय आदि से सराबोर व्यक्तियों वाला समाज स्वस्थ एवं प्रगतिशील होता है। ये गुण जब बचपन से ही व्यक्तित्व का अंग हो जाते हैं तब संस्कार के महनीय अभिधान से अभिहित होते हैं और इनसे युक्त व्यक्ति संस्कारवान कहलाता है। इन संस्कारों से बच्चों को सुसंस्कृत करनेवाला शिक्षक ही होता है; क्योंकि ये नौनिहाल घर के बाहर विद्यालय

में अपने गुरु के सान्निध्य में ही रहते हैं। अध्यापक बच्चों को उठना-बैठना, व्यवहार करना, प्रतिक्रिया व्यक्त करना तथा लिखना-पढ़ना सिखाते हैं। इस प्रकार की शिक्षा वे प्रत्यक्षत: देते हैं। बच्चे उनके योग्य हाथों से आकार प्राप्त करते हैं। इस प्रकार यह निर्विवाद है कि शिक्षकों को जीवन की विविध कलाओं का ज्ञान होना चाहिए, तभी वे अपने छात्रों को सम्यक् शिक्षा देते हुए उत्कृष्ट कोटि का जीवन जीने की कला में निष्णात करने में समर्थ हो सकेंगे। इसके साथ ही यह भी सत्य है कि बच्चे शिक्षक से अत्यधिक प्रभावित होते हैं, तभी तो उनके हाव-भाव को सहज ही स्वीकार लेते हैं। वे उनकी नकल करते हैं, वैसी ही भाषा बोलते हैं जैसी उनके शिक्षक बोलते हैं। वे गुरुओं की शैली का अभिनय करते हैं। ऐसी स्थिति में शिक्षक से अपेक्षा की जाती है कि वह न केवल विषय का ज्ञाता, विद्वान् व्यक्ति हो; बल्कि इससे भी महत्त्वपूर्ण होता है कि वह विद्यालय में छात्रों के समक्ष उच्चकोटि के व्यक्ति के रूप में प्रस्तुत हो। उसकी कथनी और करनी में भेद नहीं होना चाहिए; क्योंकि बच्चे सचेतन तथा अचेतन दोनों स्तरों पर गुरु के व्यवहार को आत्मसात् करते हैं। यदि छात्रों को शिक्षा दी जाती है कि क्रोध नहीं करना चाहिए, लेकिन शिक्षा देनेवाला स्वयं ही बात-बात पर क्रुद्ध होनेवाला होगा तब बच्चे भी तुनकमिजाजी एवं क्रोधी स्वभाव के होंगे। यद्यपि वे बोलेंगे तथा लिखेंगे यही कि क्रोध नहीं करना चाहिए। इसी प्रकार विपरीत परिस्थितियों में धैर्य नहीं छोड़ना चाहिए कि शिक्षा देनेवाला अधीर शिक्षक बच्चों में अधैर्य एवं हिचकिचाहट वाले संस्कार बीज का ही वपन करेगा। वह व्यक्तित्व की धीरता तथा गम्भीरता की आवश्यक विशेषताओं से बच्चों को दूर करेगा।

प्रसिद्ध समाजशास्त्री **सी.एच. कूले** ने यह मत व्यक्त किया है कि बच्चे अपने आपको दूसरे की दृष्टि में आकलित करते हैं और इस आकलन के आधार पर स्वयं के विषय में हीन अथवा श्रेष्ठ भावना का निर्माण करते हैं। ये मनोभाव जो क्रमश: श्रेष्ठ मनोग्रंथि तथा हीन मनोग्रंथि के अभिधान से प्रख्यापित हैं कि उपस्थिति से व्यक्तित्व का सन्तुलित विकास बाधित होता है। वर्णित परिस्थिति में शिक्षक से अपेक्षित हो जाता है कि वह बच्चों को मानसिक समर्थन दे। प्रत्येक बच्चे पर व्यक्तिगत ध्यान दे और उससे अच्छे व्यावहारिक सम्बन्ध स्थापित कर एक मनश्चिकित्सक की भाँति अपेक्षित प्रतिरक्षात्मक युक्तियों से बालक को युक्त कर उसके आत्मपरक दोषभावों को दूर करे तथा योग्यताओं को व्यक्त कर छात्र विशेष में नवीन उत्साह का संचार करे। यदि कोई छात्र अन्य सहपाठियों से दूर रहता है या स्पष्टत: कहें तो एकाकीपन का प्रदर्शन करता है तब शिक्षक एक अन्त:क्रिया के प्रेरक के रूप में उसे खेल आदि पाठ्येतर गतिविधियों में लगाकर उसकी समूह में प्रतिभाग करने की क्षमता को विकसित करता है। यहाँ पर शिक्षक एक व्यावसायिक वैयक्तिक कार्यकर्ता की भूमिका का निर्वहन करता है। एक कुशल अध्यापक बच्चों की शिक्षा के लिए उसके पाठ्यक्रम तथा तद्विषयक विषय ज्ञान में ही पारंगत नहीं होता है;

बल्कि वह पृथक्-पृथक् बच्चों में पाई जानेवाली भिन्न-भिन्न वैयक्तिक विशेषताओं को पहचानने तथा तदर्थ अपेक्षित व्यवहार करने में भी निष्णात होता है। केन्द्रीय शिक्षा संस्थान (CIE) के प्राचार्य ई.ए. पायर्स का मत है कि अधिगम की रोमांचक भावनाओं की स्वयं की वृद्धि तथा प्रयास के मूल्य को जानने में अपने प्रत्येक शिष्य को सहायता देना शिक्षक का एक विशिष्ट कार्य है।[1]

वर्णित स्थिति कभी-कभी शिक्षकों को कठोर व्यवहार वाला बना देती है; क्योंकि नितान्त वैज्ञानिक निष्कर्षों के आधार पर लक्ष्योन्मुख व्यवहार बच्चों के साथ आत्मीय सम्बन्ध-स्थापन की मूल भावना से भटका देता है। ऐसी स्थिति में उनसे संवेदनशील होने तथा व्यावसायिक वैयक्तिकसेवा कार्यकर्ता की भाँति स्थिर बुद्धिवाला गुरु होना नितान्त अपेक्षित हो जाता है। स्पष्टत: शिक्षक से एक विराट् व्यक्तित्व की अपेक्षा की जाती है जिसमें विषयवस्तु का ज्ञान मात्र एक महत्त्वपूर्ण अनिवार्य घटक के रूप में ही परिभाषित होता है। सम्भवत: यही कारण था कि उपनिषत्कालीन गुरु (शिक्षक) अपने शिष्यों के साथ बैठकर विचार विमर्श करता था।

"सह नौ यशः। सह नौ ब्रह्मवर्चसम्"[2] अर्थात् हम—शिष्य और आचार्य—दोनों को साथ-साथ यश प्राप्त हो और हमें साथ-साथ ब्रह्मतेज की प्राप्ति हो।

"तत्र संहिताद्युपनिषत्परिज्ञाननिमित्तं यद्यश:
प्रार्थ्यते तन्नावावयो: शिष्याचार्ययो: सहैवास्तु"[3]

त्रिविध ताप के शान्त्यर्थ भी उपनिषत्कालीन आचार्य और शिष्य साथ-साथ अभ्यर्थना करते हैं—

"ॐ सह नाववतु। सह नौ भुनक्तु।
सह वीर्यं करवावहै। तेजस्वि नावधीतमस्तु।
मा विद्विषावहै।

ॐ शान्तिः! शान्तिः!! शान्तिः!!![4]

अर्थात् परमात्मा हम दोनों—आचार्य और शिष्य—की साथ-साथ रक्षा करें। हम दोनों का साथ-साथ पालन करें। हम साथ-साथ विद्या सम्बन्धी सामर्थ्य प्राप्त करें। हम द्वेष न करें। त्रिविध ताप की शान्ति हो।

---

1. "The unique service of the teacher is that of helping each pupil to discover the spirit of adventure in learning and to see the value of purposeful endeavor in his own growth and development".
—E.A. Pires, 'Better Teacher Education', University Press, University Building, Delhi, p. 19
2. तैत्तिरीयोपनिषद् : 3/1 गीताप्रेस गोरखपुर
3. वही, 3/1, शंकर भाष्य, गीताप्रेस गोरखपुर
4. कठोपनिषद्, शान्तिपाठ, गीताप्रेस गोरखपुर

तात्पर्य यह है कि गुरु यहाँ वास्तव में महान् आदर्श को प्रस्तुत करता है। वह अहम्भाव या स्पष्ट कहें तो गुरुदम्भ से सर्वथा विरहित दृष्टिगत होता है। इसी परम्परा की महती आवश्यकता आज परिलक्षित हो रही है।

उल्लेखनीय है कि सर्व शिक्षा के महान् उद्देश्यों के कार्यान्वयन के फलस्वरूप सभी बच्चों का कक्षा में नामांकन किया जा रहा है। ऐसे में विद्यालय में विशेषकर दूरस्थ ग्राम्यांचलों में विविध परम्पराओं के बच्चों का नामांकन हो रहा है। कतिपय बच्चे उन समुदायों के होते हैं जिनकी किंचित् मान्यताएँ सामान्य रूप से सामाजिक मूल्यों से इतर होती हैं। इनसे प्रभावित बच्चों के लिए उनसे दूर होना कठिन होता है। उदाहरण के लिए कुछ समुदायों में विशेष अवसरों पर मादक द्रव्यों का सेवन माता-पिता अथवा अन्य बड़ों के समक्ष करना दोषपूर्ण नहीं माना जाता है। यद्यपि सामाजिक दृष्टि से हमारे विस्तृत देश में यह गर्हित ही नहीं, अपितु वैधानिक दृष्टि से अपराध भी है। न केवल मादक द्रव्यों का सेवन, प्रत्युत 18 वर्ष से कम के बच्चे को इनका विक्रय भी आपराधिक कृत्य माना जाता है। यही नहीं अस्पृश्यता के किंचित् प्रभाव अथवा आभिजात्यवर्ग के मनोवृत्तिजन्य संस्कार के कारण या ऐसे ही कई अन्य कारणों से कुछ बच्चों को अन्यों के साथ बैठाकर मध्याह्न भोजन कराना एक कठिन कार्य है। यहाँ पर शिक्षक से धैर्यवान तथा बाल मनोविज्ञान का वेत्ता होने के साथ ही कुशल अभिप्रेरक की क्षमता से युक्त होने की अपेक्षा की जाती है। उसे बच्चों को क्रीड़ा के माध्यम से तथा पृथक्-पृथक् गुणों वाले (गायन, वादन, गणित तथा कवितापाठ आदि) छात्रों का पृथक्-पृथक् समूह बनाकर उनमें 'हम' की भावना समुत्पन्न करनेवाला होना अपेक्षित है। आत्मीयता तथा एकत्व के भाव उत्पन्न होने पर वे स्वतःस्फूर्त भावों से अभिप्रेरित होकर सहज ही एक साथ बैठकर भोजन करने तथा अपने समुदाय में व्याप्त कुरीतियों को कुरीति मानना आरम्भ कर देंगे। यदि शिक्षक बलात् उन्हें साथ में रखेगा तब वे साथ तो रहेंगे और खान-पान भी करेंगे; लेकिन भयवश न कि संस्कारवश। एक व्यक्तित्व का धनी शिक्षक न केवल पाठ्यसामग्री का ज्ञान कराता है, बल्कि वह छात्रों में उच्चकोटि के संस्कार बीजों के प्रस्फुटन एवं अंकुरण का आधार तैयार करता है। यही वह बिन्दु है जहाँ वह न केवल शिक्षक अपितु 'गुरु' कहलाने का अधिकारी होता है। ऐसे में शिक्षक यदि सामुदायिक संगठन की विधियों-प्रविधियों में प्रवीण होगा तब और भी लाभकारी स्थिति होगी। ऐसा शिक्षक, केवल कक्षाध्यापन तक ही सीमित रहनेवाले शिक्षक की अपेक्षा अधिक समाजोपयोगी होगा। वह ग्रामवासियों को बच्चों के साथ किए जानेवाले व्यवहारों से अवगत कराता है। वह अपने उन छात्रों के समुदायों से सम्पर्क स्थापित करता है जिनमें रूढ़ियों और मिथकों की स्वीकृति उस सीमा तक होती है जो सामान्य स्थिति में समाज विरोधी मानी जाती हैं। इस सम्बन्ध में उ.प्र. के 'कबूतरों' और 'नटों' का उदाहरण लिया जा सकता है। चतुर प्राध्यापक

एक सामुदायिक संगठनकर्ता की भाँति उनसे सम्बन्ध स्थापित कर उन्हें व्याख्या, स्पष्टीकरण, अन्तर्दृष्टि विकास आदि के साथ ही पर्यावरणीय परिशोधन हेतु प्रेरित कर बच्चों को सीमित सोच की परिधि से निकालने का प्रयास करता है। वह सम्बन्धित समुदाय के पढ़े-लिखे आधुनिक सोचवाले लोगों का उदाहरण देकर तथा विद्यमान लोगों का सहयोग लेकर उनको नवीन प्रकार से सोचने के लिए तैयार कर सकता है। ऐसे समय में वह अपने विचारों को आरोपित नहीं करता है, प्रत्युत इस प्रकार के उदाहरणों को प्रस्तुत करता है जिससे समुदाय के लोग स्वयं ही आधुनिकता की तरफ आकर्षित होने लगते हैं। तात्पर्य यह है कि शिक्षक की नेतृत्व क्षमता और जन सहभागिता की प्रवृत्ति शैक्षणिक कार्य को दृढ़ता प्रदान करती है।

बच्चों के समाजीकरण के लिए उनमें समाज के साथ सामंजस्य स्थापित करने की प्रवृत्ति विकसित होनी चाहिए। एतदर्थ एक योग्य प्राध्यापक अपने प्रत्येक छात्र की पारिवारिक तथा सामुदायिक पृष्ठभूमि की जानकारी करता है। उनकी व्यक्तिगत पत्रावली बनाता है और उसके आधार पर विस्तृतचेता व्यक्ति का निर्माण करने के लिए उनमें स्वस्थ अन्तःक्रिया की क्षमता विकसित करता है। कुछ व्यक्ति इसे शिक्षक के लिए अनावश्यक मानते हैं और कहते हैं कि यह शिक्षक का नहीं सुधारक का कार्य है। इन सज्जनों के लिए यही उत्तर है कि शिक्षक वस्तुतः समाज निर्माता तथा समाज सुधारक ही होता है। **फ्रांसिस जे. ब्राउन** का ऐसे ही प्रसंग में अभिमत है कि उन व्यक्तियों के लिए जो मानते हैं कि यह शिक्षकार्थ चिन्तनीय नहीं है, इस प्रकार की सूचनाओं का विवेकसम्मत प्रयोग करने में निष्णात शिक्षकों के प्रभावपूर्ण सदुपयोग के परिणामस्वरूप बच्चों और युवाओं के सामाजिक सामंजस्यों के सन्तोषजनक वर्धन का अभिलेख प्रभावकारी उत्तर होगा।[1]

आजकल नगरीय आकर्षण के कारण दूरस्थ आंचलिक ग्रामों में शिक्षकों की न्यूनता रहती है। पाँच शिक्षकों के स्थान पर दो ही शिक्षक होते हैं। ऐसे में दोनों ही शिक्षकों को पाँच कक्षाओं या तीन कक्षाओं को संचालित करने का दायित्व होता है। वर्णित स्थिति में शिक्षकों से न केवल अपेक्षित होता है, बल्कि अनिवार्यता है कि वे बहु-कक्षा-शिक्षण में प्रवीण हों। यहाँ यह भी ध्यातव्य है कि इन ग्राम्यांचलों के विद्यालयों में विविध परिवेश से आनेवाले बच्चों की समझ-शक्ति में अन्तर होता है। इसके कई कारण होते हैं, जैसे प्रथम पीढ़ी के शिक्षार्थ विद्यालय आनेवाले बच्चों

---

1. "To those who would say that this is not the concem of the teacher, the growing record of the satisfactory adjustment of children and young people by teachers who know how to procure and wisely use such information is an effective answer."

—FRANCIS J. BROWN : Education Society (Second Edition): Prentice-Hall INC, Englewood, Cliffs, N.J. Charles E. TUTILE Company, Tokyo, p. 352

का पूर्वज्ञान से सर्वथा रहित होना तथा पढ़े-लिखे परिवारों के बच्चों का पूर्व से ही किंचित् ज्ञानयुक्त होना, कक्षा शिक्षण को बहुत महत्त्व न देनेवाले समुदाय से बच्चों का सम्बन्ध होना आदि। ऐसे में शिक्षक के लिए अनिवार्य हो जाता है कि वह समान अधिगम वाले बच्चों का लघु समूह बनाकर पृथक्-पृथक् प्रकार से पढ़ाए। एतदर्थ उसको एक ही कक्षा में कई शैक्षिक धरातलों पर अवस्थित होकर पढ़ाने में दक्ष होना होगा जिसे सुधीजन 'बहुस्तरीय शिक्षण' में निष्णात होना कहते हैं।

कक्षा-शिक्षण के अतिरिक्त विद्यालयीय स्थिति का अभिलेखीकरण, छात्रों का वयोनुरूप तथा आयुसंगत नामांकन, मध्याह्न भोजन वितरण आदि कार्यों को करना भी नितान्त आवश्यक होता है। स्पष्ट है कि केवल विषय के ज्ञान तक सीमित रहना शिक्षक के व्यक्तित्व को एकांगी बनाता है जो बच्चों के सर्वांगीण विकास तथा पाठ्यक्रम के बोध—दोनों ही दृष्टियों से अपर्याप्त सिद्ध होगा।

यहाँ यह भी उल्लेखनीय है कि शैक्षिक व्यवस्था में शिक्षक तथा शिष्य के अतिरिक्त निरीक्षक संवर्ग की भूमिका भी अत्यन्त महत्त्वपूर्ण होती है। ये निरीक्षक विद्यालयीय शैक्षणिक क्रिया तथा परिवेशीय परिस्थिति का निरीक्षण करते हैं तथा तद्वत् अपेक्षित कार्यवाही करते हैं। इनके निरीक्षण के समय अध्यापक सामान्यत: इनकी सेवा-शुश्रूषा में लग जाते हैं। पठन-पाठन का समय तनावपूर्ण औपचारिकता में व्यतीत होने लगता है। तात्पर्य यह है कि निरीक्षण के समय शैक्षिक समुन्नयन के स्थान पर निरीक्षक-प्रसन्नीकरण की क्रिया दृष्टिगत होने लगती है। वस्तुत: यह भटकाव है। एक चतुर शिक्षक जो कर्तव्यपरायण तथा दृढ़व्यक्तित्व वाला होता है वह आनेवाले निरीक्षक को उचित महत्त्व देते हुए भी शैक्षणिक कार्य को अपेक्षाकृत अधिक महत्त्व देता है। वह अर्थहीन निष्ठा तथा अनावश्यक चाटुकारिता से विरत रहते हुए शिक्षण कार्य में सन्नद्ध रहता है। अपने शैक्षिक अनुभव, उच्चकोटि के व्यक्तित्व तथा नेतृत्वक्षमता और समन्वयात्मक कौशल का प्रदर्शन करते हुए विद्यालयीय निरीक्षक तथा छात्रों के साथ व्यवहार करते हुए बच्चों में भी इन गुणों का आधान करता है। बच्चे जो प्रत्येक गतिविधि से कुछ न कुछ सीखते हैं, वे प्रस्तुत परिस्थिति में सत्यनिष्ठा, कर्तव्यपरायणता, धैर्य तथा आत्मविश्वास जैसे गुणों को आत्मसात् करते हैं।

यह सब स्वाभाविक रूप से अनायास होता है; क्योंकि बच्चे परिवेशजन्य परिस्थितियों से स्वाभाविक रूप से प्रभावित होते हैं। शिक्षक तथा निरीक्षक का सन्तुलित व्यवहार, नियंत्रक अधिकारी तथा नियंत्रणाधीन कर्मचारी के मध्य होनेवाले वार्तालाप तथा शैली से भी बच्चे शिक्षा प्राप्त करते हैं। प्राथमिक स्तर के बच्चों में अच्छा से अच्छा बनने की सहज मनोवैज्ञानिक उत्कंठा होती है। अत: शिक्षक का विराट् व्यक्तित्व बच्चों में विशालता के भावों को भरता है तथा उनके सर्वांगीण विकास का पोषण करता है।

यह सर्वमान्य तथ्य है कि शिक्षक भविष्यद्रष्टा होता है, साथ ही उसके हाथों में ऐसे बच्चे होते हैं जो गीली मिट्टी की तरह होते हैं ऐसे में वह भावी अपेक्षाओं के अनुरूप शिष्य को ढालने का कार्य करता है। इस बिन्दु पर उसकी सामाजिक सोच, वैश्विक व्यक्तित्व तथा बच्चों के अन्तर्निहित गुणों को पहचानने की क्षमता तथा तदनुरूप भावी योजना निर्माण और उसको मूर्तरूप देने की क्रियात्मक दक्षता अत्यन्त महत्त्वपूर्ण हो जाती है। वह बच्चों में पुस्तकालयों के प्रयोग तथा शब्दकोशों के अवलोकन की प्रवृत्ति को विकसित करता है। वह बच्चों में शिक्षा के प्रति जिज्ञासा को आविर्भूत कर उसे पोषण प्रदान करता है। वह क्षेत्रीय सफल व्यक्तियों के उदाहरण को प्रस्तुत कर बच्चों में उत्साह का संचार करता है। बच्चा स्वयं तुलना करता है कि एक ही गाँव में रहनेवाला तथा एक ही विद्यालय में पढ़नेवाला एक व्यक्ति कैसे निकम्मा की श्रेणी में परिगणित होता है तथा दूसरा समाज में उच्च प्रस्थिति को प्राप्त कर घर तथा समुदाय का गौरव बन जाता है। कथित स्थिति में वह स्वयं अच्छा बनने तथा आदर्श आचरणों और सामाजिक मूल्यों से युक्त सांस्कारिक एवं परिश्रमी व्यक्ति बनने के लिए मन ही मन संकल्पबद्ध हो जाता है। अत: स्पष्ट है कि शिक्षक का उदाहरणों द्वारा अभिप्रेरित करनेवाला व्यक्तित्व निश्चित ही भावी पीढ़ी को संस्कारवान बनाने में समर्थ होता है।

शिक्षक यदि संकुचित सोच का अन्तर्मुखी व्यक्तित्व वाला होगा तब उसके छात्रों का सन्तुलित तथा सम्पूर्ण विकास होना कठिन हो जाएगा। पारिवारिक पृष्ठभूमि जितनी कम शिक्षित तथा अधिक रूढ़िवादी होगी बच्चा विद्यालयीय शैक्षिक वातावरण से सामंजस्य स्थापित करने में उतनी ही कठिनाई का अनुभव करेगा। वह विद्यालय से पलायन को उचित मानेगा। ऐसा करने में असफल होने पर 'एकाकीपन' का शिकार होगा; क्योंकि उसका अन्य सहपाठियों के साथ तालमेल सरलतया स्थापित नहीं हो सकेगा। वर्णित स्थिति में वह हठी, झगड़ालू, मादकद्रव्य-सेवनकर्ता तथा चोर आदि दुष्प्रवृत्ति-समन्वित व्यक्तित्व का निर्माण कर लेगा। संवेदनशील योग्य शिक्षक बच्चों में इस तरह के नकारात्मक लक्षण दृष्टिगत होने पर उनका तथा उनकी पारिवारिक पृष्ठभूमि का अध्ययन करता है। उनके अभिभावकों तथा सहपाठियों से मिलकर व्यक्तिगत व्यवहार का सूक्ष्मता से अध्ययन करता है। कृत अध्ययन के आधार पर वास्तविक 'निदान' कर उपचारात्मक कार्यों को करता है। आवश्यकतानुसार उनको विद्यालय में मानसिक समर्थन देता है तथा सम्बन्धित समुदाय के लोगों से निरन्तर सम्पर्क स्थापित कर उनके व्यवहार में परिवर्तन लाता है और उनका यथाशक्य सहयोग भी प्राप्त करता है। एक सफल शिक्षक बच्चों के साथ स्नेहपूर्ण सम्बन्ध स्थापित करता है। वह सदा ध्यान रखता है कि छात्रों को ऐसा वातावरण उपलब्ध कराए जिससे वे सहज ही वैज्ञानिक सोच-समन्वित हो सकें। यह तभी सम्भव है जब शिक्षक तथा छात्र आपस में पूर्णरूप से घुले-मिले हों।

निष्कर्ष रूप में यह कहा जा सकता है कि शिक्षक का बहुआयामी व्यक्तित्व ही बच्चों के बहुमुखी विकास का आधार प्रस्तुत करता है। उसकी जीवनशैली जितनी व्यवस्थित तथा सुस्पष्ट होगी, बच्चे भी उतने ही स्पष्ट तथा निर्भ्रान्त व्यक्तित्व से युक्त होंगे। समाज के लोगों से सम्पर्क स्थापित करने तथा सामुदायिक संसाधनों के सदुपयोग की कला में वह जितना ही निष्णात होगा समुदाय उसे तथा बच्चों को रूढ़ियों तथा मिथकों से विरहित होने में सहायता करेगा। उसकी नेतृत्वक्षमता तथा समुदाय को संगठित करने की कुशलता बच्चों को आवृत्त करनेवाले कुसंस्कारों के मार्जन में सहयोग प्रदान करती है। एक शिक्षक बाल मनोवैज्ञानिक की भाँति अपने छात्रों के व्यक्तित्व में समाहित परिवेशजन्य सामाजिक कुप्रथाओं तथा अवैज्ञानिक धारणाओं को दूर करता है। वह उनके व्यक्तित्व का परिमार्जन करता है। नवीन वैज्ञानिक गुणों का उनमें आधान करता है। वह जानता है कि बच्चों के समक्ष अच्छे आचरण प्रस्तुत करना चाहिए। उसे ज्ञात होता है कि सद्गुणों की प्रशंसा तथा दुर्गुणों की निन्दा करनी चाहिए, क्योंकि इससे बच्चे अच्छा बनने के लिए उत्सुक होते हैं। वे समाज में प्रशंसित होने के लिए सदाचार को स्वीकारते हैं तथा निन्दनीय आचरणों का त्याग करते हैं। तात्पर्य यह है कि शिक्षक को न केवल पाठ्यपुस्तकों को पढ़ाने में पारंगत होना चाहिए, प्रत्युत उसे बहु-आयामी व्यक्तित्व का होना चाहिए जिससे बच्चे प्रभावित होकर सद्गुणों को स्वीकारें तथा उनका विद्यालयीय आकर्षण और अधिगम का स्तर बढ़े।

सन्दर्भ ग्रंथ

1. E.A. Pires : *Better Teacher Education,* University Press, University Building, Delhi.
2. FRANCIS J. BROWN : *Education Society* (Second Edition) : Prentice-Hall INC, Englewood, Cliffs, N.J. Charles E. TUTILE Company, Tokyo.
3. तैत्तिरीयोपनिषद्, गीताप्रेस गोरखपुर
4. कठोपनिषद्, गीताप्रेस गोरखपुर

मानसिक मन्दता : लक्षण तथा निदान

मन:शक्ति की दुर्बलता जो व्यक्ति को स्वावलम्बी बनने तथा स्वाभाविक जीवनयापन की क्षमता से रहित कर देती है को मानसिक मन्दता कहा जाता है। स्पष्ट है कि जब कोई सामाजिक कर्तव्यों तथा वैयक्तिक आवश्यकताओं के अनुरूप व्यवहार करने में असमर्थ होता है; वयोनुरूप आचरण नहीं कर पाता है तो वह मानसिक दृष्टि से 'मन्द' व्यक्ति कहा जाता है। सरल शब्दों में हम कह सकते हैं कि मानसिक क्षमता-विहीनता वह स्थिति है जिसमें अवस्थित व्यक्ति अपने जीवन में दूसरों पर आश्रित होने के लिए विवश होता है। जब कोई व्यक्ति अपने अस्तित्व को बनाए रखने में इतना असमर्थ होता है कि अपनी आयु-वर्ग के अन्य व्यक्तियों के साथ तालमेल बैठाकर जीवन संचालित नहीं कर पाता है तब उसे मानसिक मन्द व्यक्ति कहा जाता है। यहाँ यह भी उल्लेखनीय है कि वर्णित दुर्बलता प्रत्येक व्यक्ति में मात्रात्मक तथा गुणात्मक दोनों ही रूपों में भिन्न-भिन्न होती है। निदानात्मक दृष्टि से भी किसी में यह मनस्तापी कारणों से समुद्भूत लक्षित होती है तो किसी अन्य में मनोविक्षिप्ति का परिणाम सिद्ध होती है।

वस्तुत: मानसिक मन्दता एक प्रकार से अपर्याप्त विकास है जिसे कतिपय मनोवैज्ञानिकों ने बुद्धिलब्धि के आधार पर अभिव्यक्त करने का प्रयास किया है। सर्वप्रथम स्टर्न ने 'बुद्धिलब्धि' सम्प्रत्यय का प्रयोग करते हुए मानसिक बलवत्ता तथा दुर्बलता को स्पष्ट करने का प्रयास किया। 'टरमन' द्वारा प्रतिपादित 'बुद्धिलब्धि' का प्रत्यय तथा स्टर्न द्वारा व्याख्यायित इस विधा के अनुसार मानसिक आयु का वास्तविक आयु से कम विकसित होना मानसिक मन्दता को सुस्पष्ट करता है। इस मापन पद्धति के अनुसार जिन व्यक्तियों की बुद्धिलब्धि 90-110 के बीच होती है उन्हें सामान्य बौद्धिक स्तर का व्यक्ति माना जाता है। अधिकांश जनसंख्या इसी श्रेणी में आती है। इस स्तर से नीचे की बुद्धिलब्धि 'मानसिक मन्दता' को अभिव्यक्त करती है। यह बुद्धिलब्धि 90 से जितनी कम होगी, व्यक्ति, उसी अनुपात में मानसिक दृष्टि से मन्दबुद्धि की श्रेणी में आएगा।

यहाँ यह उल्लेखनीय है कि सामाजिक दृष्टि से समान परिपक्वता प्रदर्शित करनेवाले व्यक्तियों की मानसिक लब्धि में भी पर्याप्त अन्तर पाया जाता है। तात्पर्य यह है कि समान मानसिक लब्धि वाले व्यक्तियों के व्यवहारों में भी सामाजिक युक्तियुक्तता तथा कार्यनिष्पादन क्षमता में अत्यधिक अन्तर दृष्टिगत होता है। इससे स्पष्ट होता है कि बुद्धिलब्धि को आधार बनाकर मानसिक मन्दता का आकलन करना शत-प्रतिशत विश्वसनीय पद्धति नहीं है। मनोवैज्ञानिकद्वय डॉ. लाभ सिंह एवं डॉ. गोविन्द तिवारी इसे स्पष्ट करते हुए लिखते हैं कि "मानसिक न्यूनता का निदान अथवा मापन कोई सरल कार्य नहीं है। इसके लिए प्राय: बुद्धि परीक्षणों का उपयोग किया जाता है; परन्तु कठिनाई यह है कि कुछ ऐसे व्यक्ति जिनकी बुद्धिलब्धि 70 से कम होती है, स्वतंत्र और आत्म-निर्भर होते हैं और अनेक आवश्यक कौशलों को विकसित कर लेते हैं। इसके विपरीत कुछ व्यक्ति, जिनकी बुद्धिलब्धि 70 से अधिक होती है, अपनी देखभाल भी नहीं कर सकते और उन्हें अस्पताल में भर्ती करना पड़ता है। अत: मानसिक न्यूनता के निदान में बुद्धिलब्धि का मापन एक कसौटी है। इसके अलावा सामाजिक सामर्थ्य अथवा परिपक्वता का मापन भी आवश्यक है।"[1] अत: मानसिक दुर्बलता के सटीक निदान के लिए बुद्धिलब्धि के साथ ही प्रश्नगत व्यक्ति के व्यवहारों तथा उसकी सामाजिक स्वीकृति का अध्ययन भी अनिवार्य रूप से किया जाना चाहिए।

यह निर्विवाद रूप से मान्य है कि सामाजिक समायोजन की दृष्टि से जिनके व्यवहार अपर्याप्त होते हैं, वे मानसिक अक्षमता वाले माने जाते हैं। तात्पर्य यह है कि हमउम्र के साथियों, माता-पिता तथा अन्य कुटुम्बिजनों के साथ अपेक्षित व्यवहार करने में जो अक्षम होते हैं, वे मानसिक मन्द कहलाते हैं। समझ-शक्ति की दुर्बलता उनके सामाजिक सामंजस्य और व्यावहारिक परिपक्वता को हीनतर स्थिति में पहुँचा देती है। वर्णित स्थिति में मानसिक मन्दता, मनोविकार का समानार्थी प्रतीत होता है जो त्रुटिपूर्ण है। मनोविकार तो रुग्णता के कारण व्यक्ति की समायोजन क्षमता को दुष्प्रभावित करता है। इसमें समायोजन-प्रतिक्रियाएँ एक बार विकसित हो जाने के पश्चात् विकार के उत्पन्न होने के फलस्वरूप लुप्त हो जाती हैं। इसके विपरीत मानसिक मन्दता में इस प्रकार की समायोजन विषयक क्षमताएँ विकसित ही नहीं होती हैं; क्योंकि आरम्भ में ही बौद्धिक क्षमता का अभाव रहता है। तात्पर्य यह है कि मानसिक मन्दता के नैदानिक अवस्थिति के आकलनार्थ न केवल बुद्धिलब्धि, बल्कि सम्बन्धित के सामाजिक समायोजन एवं व्यावसायिक व्यवहार तथा भावनात्मक प्रतिक्रियाओं का सूक्ष्म निरीक्षण और अध्ययन नितान्त आवश्यक होता है। अर्थात् व्यक्ति का समग्र आचरण जिसमें

1. डॉ. लाभ सिंह एवं डॉ. गोविन्द तिवारी (2011) : असामान्य मनोविज्ञान, श्री विनोद पुस्तक मन्दिर, आगरा-2, पृ. 521

उसका स्वतंत्र निर्णयात्मक तथा व्यवहारात्मक पक्ष मूल्यांकित हो उसकी मानसिक स्थिति के परिकलन का आधार होता है।

मानसिक दृष्टि से मन्द व्यक्तियों में भी तरतम स्थिति दृष्टिगत होती है। व्यावहारिक समायोजन की दृष्टि से कुछ को सीमित तथा समय-समय पर सहायता देकर समायोजित किया जा सकता है तो कतिपयों को निरन्तर तथा पर्याप्त सहायता दिया जाना अनिवार्य होता है। इस आधार पर उन्हें निम्नवत् वर्गीकृत किया जाता है—

1. सौम्य मानसिक मन्दता (Mild Mental Retardation) : इनकी बौद्धिक क्षमता सामान्य से थोड़ी ही कम होती है। कतिपय परिस्थितियों को छोड़कर ये समाज में औसत सामंजस्य के साथ जीवनयापन कर लेते हैं। इनकी बुद्धिलब्धि 50 से 75 के मध्य होती है। इन्हें समय-समय पर सहायता की आवश्यकता होती है। अर्थात् अल्पकालिक सविराम सहायता (Intermittent Support) की ही इन्हें आवश्यकता होती है। मानसिक मन्दता के शिकार व्यक्तियों में से अधिकांश (लगभग 85 प्रतिशत) इसी श्रेणी में परिगणित किए गए हैं।

2. मध्यम मानसिक मन्दता (Moderate Mental Retardation) : लगभग 10 प्रतिशत मानसिक मन्द व्यक्ति इस श्रेणी में आते हैं। इनकी बुद्धिलब्धि (I.Q.) 35 से 55 के मध्य होती है। ये अपने घरेलू वातावरण में किंचित् सहायता के साथ स्वतंत्र जीवनयापन में समर्थ होते हैं। कतिपय क्षेत्रों में इन्हें सौम्यमानसिक मन्द से अधिक सहायता की आवश्यकता होती है। यद्यपि इन्हें कुछ अधिक समय तक तथा कुछ अधिक क्षेत्रों में अधिक गहन सहायता प्रदान की जाती है, तथापि इन्हें भी निरन्तर सहयोग की आवश्यकता नहीं होती है इन्हें दी जानेवाली सहायता को सीमित सहायता की श्रेणी में परिगणित किया जा सकता है।

3. गम्भीर मानसिक मन्दता (Severe Mental Retardation) : इस श्रेणी में आनेवाले मानसिक-अक्षमों की बुद्धिलब्धि 20 से 40 के मध्य होती है। मानसिक-मन्द जनसंख्या में इनका अनुपात लगभग 3 से 4 प्रतिशत होता है। इन्हें समाज की मुख्य धारा से जोड़ने तथा सामंजस्य स्थापित कर जीवनयापन करने में समर्थ बनाने हेतु गहन तथा प्रायः सतत सहयोग प्रदान किया जाना अपेक्षित होता है। कुछ क्षेत्रों में इन्हें आजीवन सहयोग की आवश्यकता होती है।

4. अतिगम्भीर मानसिक मन्दता (Profound Mental Retardation) : यह मानसिक मन्दता की आतिशयिकता को प्रदर्शित करनेवाली श्रेणी है। इस वर्ग के व्यवितयों की बुद्धिलब्धि 20 के आसपास या उससे भी कम होती है। प्रायः तंत्रिकाजन्य दोषों के कारण उनकी यह स्थिति उत्पन्न हुई होती है। सम्पूर्ण मानसिकमन्द-जनसंख्या के लगभग 1 से 2 प्रतिशत व्यक्ति ही इस श्रेणी में आते हैं। सुनियोजित तथा निरन्तर प्रयास से ही इन्हें समाज में समायोजित होने में समर्थ बनाया जा सकता है। जीवन के प्रायः सभी क्षेत्रों में इन्हें जीवनपर्यन्त सतत सहायता

की नितान्त आवश्यकता होती है। परन्तु प्रत्येक स्थिति में यह आवश्यक है कि इन्हें अपनत्व तथा मनोवैज्ञानिक समर्थन प्रदान किया जाए। सहायता की प्रक्रिया तथा सीमा का निर्धारण 'निदान' पर निर्भर करता है।

वर्णित परिस्थिति में यह आवश्यक हो जाता है कि हम उन कारणों को ज्ञात करें जो इस भयावह तथा दु:खदायी मानसिक विकृति का जनन करते हैं। समग्र दृष्टि से देखने पर यही निष्कर्ष प्राप्त होता है कि मानसिक मन्दता कई कारणों से होती है जिसमें समझ-शक्ति की अपरिपक्वता के साथ ही स्नायुतंत्र की रुग्णता भी समाहित है। शरीर घटकीभूत आन्तरिक संरचनात्मक व्यवस्था में किसी भी प्रकार की विकृति आने पर आंगिक गतिशीलता दुष्प्रभावित होती है। यह विकृति किसी संक्रमण के परिणामस्वरूप या शारीरिक आघात के फलस्वरूप हो सकती है। इस प्रकार स्पष्ट है कि स्नायविक विकार तथा गतिप्रदायक अंगों में होनेवाली रुग्णता, मानसिक मन्दता की तरफ प्रवृत्त करती है। मनोवैज्ञानिकों ने इन मोटर अंगों में होनेवाले असन्तुलन को गम्भीरता से लिया है। वाल्टर जे. केविले, टिमोथी डब्लू कास्टेलो तथा एफ.एल. रुके ने इसे स्पष्ट करते हुए लिखा है कि आंगिक व्यवहारों में विकृति, शारीरिक और भावनात्मक अशान्ति के रूप में परिलक्षित हो सकती है और इस प्रकार इसे आंगिक या प्रकार्यात्मक भेद के रूप में विभेदीकृत किया जा सकता है। मोटर लक्षणों को मुख्यत: तीन श्रेणियों में समूहीकृत किया जा सकता है—सक्रियता, अवक्रियता तथा विकृत गतिविधि से समुत्पन्न।[1]

तंत्रिकातंत्र में सामान्य से अधिक दृष्टिगत होनेवाली सक्रियता मस्तिष्कीय क्षरण तथा तत्सम्बन्धी स्नायविक विकृति का जनन करती है। इसी प्रकार इसकी मन्द या नगण्य क्रियाशीलता मांसपेशियों को अक्रिय या विकृत कर देती है जिसका परिणाम मानसिक मन्दता के रूप में परिलक्षित होता है। इसके साथ ही मोटर अंगों में होनेवाली अन्य भी असामंजस्य वाली स्थितियाँ होती हैं जैसे—चेष्टा-अक्षमता, गतिभंग, पेशीस्फुरित ऐंठन, ऐंठनयुक्त जकड़न, स्पन्दन आदि जो व्यक्ति के सामान्य व्यवहार में विचलन उत्पन्न करती हैं। इन बीमारियों से ग्रस्त व्यक्ति का शारीरिक व्यवहार अनियंत्रित हो जाता है जो मानसिक मन्दता का कारण बनता है।

अभिव्यक्त परिस्थिति में यह आवश्यक है कि इन मानसिक विकृतियों को उत्पन्न करनेवाले बीज रूप में विद्यमान दोषों की जानकारी प्राप्त करके सम्यक् उपचार द्वारा रोगोत्पत्ति से मुक्ति प्राप्त की जाए। जब हम इस पर विचार करते हैं

1. Disorders of motor behaviour can arise as symptoms of physical or emotional disturbance and are thus differentiated as organic or functional. Motor symptoms are broadly grouped in three categories : hyperactivity, hypoactivity and disordered activity.

—Walter J. Coville, Timothy W. Costello, Fabian L. Rouke (1963) : ABNORMAL PSYCHOLOGY, p. 230

तो विविध शोधकर्ताओं तथा विशेषज्ञों के मतों का संज्ञान लेते हैं। शारीरिक रोग विशेषज्ञों द्वारा यह निर्विवाद रूप से प्रतिपादित है कि जब गर्भस्थ भ्रूण का सम्यक् विकास नहीं होता है तो मानसिक दुर्बलता की सम्भावना समुत्पन्न होती है। जो महिलाएँ मादक द्रव्यों का सेवन करती हैं अथवा रुबेला जैसी रुग्णता से ग्रस्त होती हैं तो उनके गर्भस्थ भ्रूण या शिशु के रोगाणुओं से संक्रमित होने की सम्भावना बढ़ जाती है। पोषकतत्त्वों की कमी भी मानसिक दुर्बलता का कारण हो सकती है। विटामिन तथा खनिज तत्त्व की यथेष्ट विद्यमानता शरीर को स्वस्थ रखती है तथा अन्त:स्त्रावी ग्रंथियों की क्रियाशीलता को सुव्यवस्थित करती है जिससे शरीर और मस्तिष्क का स्वस्थ तथा सन्तुलित विकास होता है। इसके विपरीत इन तत्त्वों का अभाव मनोदैहिक विकारों का जनन करता है।

उपर्युक्त के अतिरिक्त आनुवंशिक स्थितियाँ भी मानसिक रुग्णता का जनन करती हैं। माता-पिता के गुणसूत्रों का त्रुटिपूर्ण या असामान्य संविलयन तथा तदनुसार परिस्थितियों में अनपेक्षितवर्धन भी मानसिक विचलन का कारक होता है। डाउन सिंड्रोम, क्लिनफेल्टर्स सिंड्रोम, न्यूरोफाइब्रोमेटोटिस तथा जन्मजात हाइपोथायरायडिज्म आदि का परिगणन आनुवंशिक स्थितिजन्य श्रेणी में ही किया जाता है। कतिपय संक्रामक रोग जैसे मस्तिष्कावरणशोथ और मस्तिष्क ज्वर आदि भी मानसिक मन्दता के जनक होते हैं।

निदान

किसी रोग के वास्तविक कारण का पता लगाना ही निदान है। निदान सीधे-सीधे कारण नहीं होता है; बल्कि कारण और कार्य के मध्य का संवेदनात्मक तथा वेदनात्मक प्रभाव होता है जो रोग तथा तज्जन्य परिणामों का प्रस्फुटन करता है। उदाहरण के लिए किसी सज्जन व्यक्ति को यदि उसका पुत्र भरे समाज में थप्पड़ से मारता है तो उसके आँसू का कारण मार की पीड़ा नहीं होगी; बल्कि सामाजिक अपमान होगा। अत: इसका उपचार मानसिक व्यथा को दूर करने से लभ्य होगा न कि किसी अन्य स्थूल दवा से। इस प्रकार स्पष्ट है कि एक ही समस्या के भिन्न-भिन्न निदान हो सकते हैं। कोई थप्पड़ की चोट से रो रहा होगा तो कोई अपमान से। किसी को मिठाई खिलाने से समाधान प्राप्त होगा (बच्चों को) तो किसी को मरहम की आवश्यकता होगी, तो कुछ ऐसे होंगे जिनको मानसिक समर्थन और परामर्श के बिना कष्ट यावज्जीवन रुलाता रहेगा। मानसिक मन्दता के सन्दर्भ में भी यही बात लागू है। किसी की मन्दता शारीरिक आघात से हो सकती है तो किसी की मानसिक विकृति के परिणामस्वरूप तो किसी की मनोदैहिक कारणों से।

एक शारीरिक रोग विशेषज्ञ, निदानार्थ शरीर तथा उसके स्नायविक परीक्षण को कराएगा तो एक मनोवैज्ञानिक 'साक्षात्कार' द्वारा मन:स्थिति के विकार को जानने

का प्रयास करेगा। एक मनोरोग विशेषज्ञ, प्रशिक्षित सामाजिक कार्यकर्ता विविध तकनीकों का प्रयोग करते हुए जीवन-इतिहास, विद्यालयीय जीवन, पारिवारिक पृष्ठभूमि तथा अन्य सम्बन्धित परिवेशीय परिस्थितियों का ज्ञान प्राप्त कर, उसकी अभिलेखीय व्याख्या करेगा और नैदानिक निष्कर्ष निकालेगा।

मानसिक मन्दता के निदानार्थ जो परीक्षण किए जाते हैं उसमें भी पृथक्-पृथक् विधा के विशेषज्ञ भिन्न-भिन्न प्रक्रिया का अनुपालन करते हैं; क्योंकि उनकी कारणान्वेषी प्रवृत्ति का केन्द्र बिन्दु अलग-अलग होता है। इसे संक्षेप में प्रस्तुत करने का यहाँ प्रयास किया जा रहा है।

नैदानिक प्रक्रिया

मानसिक विकृति तथा तज्जन्य सामाजिक सामंजस्य की दुर्बलता का वास्तविक निदान चिकित्सीय तथा परिवेशीय अध्ययनों की आवश्यकता पर बल देता है।

चिकित्सीय परीक्षण

यह सिद्ध तथ्य है कि स्वस्थ शरीर में स्वस्थ मस्तिष्क का वास होता है। इसे ध्यान में रखते हुए सम्पूर्ण दैहिक परीक्षण पर बल दिया जाता है, जिसमें शरीरस्थ चयापचय (Metabolic) रक्त तथा मूत्र, पाचनतंत्र, श्वसनतंत्र, अन्तःस्रावी क्रिया, हृदय की क्रियाशीलता तथा अन्य जठरान्त्र एवं जननांगमूत्र (Gastrointestinal and Genitourinary) विषयक जाँच को अनिवार्य माना जाता है।

दैहिक परीक्षणकर्ताओं में भी तंत्रिकातंत्र विशेषज्ञ स्नायविक परीक्षण पर ही केन्द्रस्थ होता है। वह मस्तिष्क की क्रियाशीलता को प्रभावित करनेवाले अंगों में होनेवाले आघात तथा संक्रमण के परीक्षण पर केन्द्रस्थ होता है। स्नायविक परीक्षकों द्वारा मेरुदंड, कपाल तथा अन्य संवेदक अंगों की क्रियाशीलता के सन्तुलन की जाँच की जाती है। मुख्य परीक्षणों को निम्नवत् उपस्थापित किया जा सकता है—

प्रत्यावर्तक-तंत्र-परीक्षण (Tests of Reflex Mechanisms)

शरीर में कुछ प्रतिक्रियाएँ स्वतःस्फूर्त होती हैं जैसे किसी की आँख में कुछ पड़ा तो वह तुरन्त बन्द हो जाएगी; फिर उसे साफ करने के लिए आँसू निकलने लगेगा, गर्म वस्तु को स्पर्श करने पर उसकी जलन से प्रभावित व्यक्ति तत्क्षण अनायास हाथ हटा लेगा। इनमें विचलन भी मानसिक मन्दता का संकेतक होगा। एतदर्थ किए जानेवाले मुख्य परीक्षण हैं—घुटने का झटका (Knee Jerk Test) और बाबिन्सकी टेस्ट।

प्रथम में घुटने पर झटका देकर उसका प्रत्यावर्तित प्रभाव देखा जाता है और बाबिन्सकी में पैर के अँगूठे पर थपथपीकर प्रभाव को मूल्यांकित किया जाता है।

विद्युतमस्तिष्क लेखन (Electroencephalography)

इसे संक्षेप में ईईजी कहा जाता है। इसमें कपाल के ऊपर अपेक्षित इलेक्ट्रोड स्थापित कर विद्युतधाराओं के माध्यम से मस्तिष्कीय तरंगों का अध्ययन किया जाता है। मस्तिष्क के न्यूट्रानों में प्रवाहित आयनिक धाराओं के कारण कतिपय संकेत प्राप्त होते हैं। तात्पर्य यह है कि मस्तिष्क के क्रियाकलापों को अभिलेखित करने की यह एक विद्युत कार्यकीय पद्धति है। मिर्गी की जाँच की यह सटीक विधा है। ब्रेन ट्यूमर का ज्ञान करने के क्षेत्र में भी ईईजी बहुत उपयोगी है। अन्य मस्तिष्कीय विकृतियों के निदानार्थ भी यह विधि नितान्त आवश्यक हो गई है।

मस्तिष्कनिलय-चित्र (Ventriculography)

मानव हृदय को सामान्यत: चार भागों में बाँटते हैं। इन चार भागों में से निचले दो भाग 'निलय' कहे जाते हैं। ये दोनों निलय सम्पूर्ण शरीर में रक्त का परिसंचरण करते हैं। वेंट्रिक्यूलोग्रैफी की विधि का प्रयोग मस्तिष्क में होनेवाले संरचनात्मक परिवर्तन को ज्ञात करने के लिए किया जाता है। सेरिब्रल द्रव को वायु से प्रतिस्थापित कर या सरल भाषा में निलय में वायु स्थापित कर उसके माध्यम से एक्सरे करके विशेषज्ञों द्वारा मानसिक मन्दता का निदान करने का प्रयास किया जाता है।

उपर्युक्त के अतिरिक्त मेरुदंड से द्रव प्राप्त करके, उसका परीक्षण करके मस्तिष्कीय क्षरण का निदान किया जाता है।

मनोवैज्ञानिक परीक्षण (Psychological Examination)

मनोवैज्ञानिक परीक्षण, मन:स्थिति को प्रभावित करनेवाले कारकों के अध्ययन पर बल देता है। एक मनश्चिकित्सक 'परीक्षण माला' का प्रयोग करते हुए व्यक्तित्व को दुष्प्रभावित करनेवाली परिस्थितियों और तज्जन्य प्रभाव को केन्द्र में रखकर मानसिक मन्दता का अध्ययन, निदान तथा तदनुसार उपचार करता है।

वर्तमान समय में एक व्यावसायिक मनश्चिकित्सक विद्वज्जनों द्वारा निर्धारित प्रश्नसारणियों तथा बुद्धिमापकों का प्रयोग करता है। मुख्य रूप से प्रयोग में आनेवाले व्यक्तित्व मापक परीक्षणों में 'वेश्लर बुद्धिमापक' प्रपत्र-I तथा प्रपत्र-II; गोल्ड स्टीन सीयरर परीक्षण; लॉवेनफेल्ड मोजाइक परीक्षण तथा अन्य प्रवृत्तिमापक परीक्षण प्रयोग

में लाए जाते हैं। इन परीक्षणों द्वारा सेवार्थी की अन्तर्निहित क्षमताओं और तदनुसार कृत व्यवहारात्मक क्रियाओं में पाए जानेवाले अन्तर का ज्ञान किया जाता है।

नैदानिक मनोविज्ञान का ज्ञाता, कतिपय प्रक्षेपी तकनीकों का प्रयोग कर व्यक्तित्व का परीक्षण करता है। वर्णित तकनीकें या प्रविधियाँ सम्पूर्ण व्यक्तित्व को स्पष्ट करती हैं। इस प्रकार किसी अंगविशेष की कार्यात्मकता के स्थान पर सर्वांग-व्यक्तित्व की दृढ़ता और दुर्बलता का आकलन इनके द्वारा किया जाता है। एतदर्थ निदानकर्ता एकांगी अभिव्यंजक के स्थान पर अपेक्षित बहुविध उद्दीपकों की एक शृंखला का प्रयोग करता है। परीक्षणीय व्यक्ति से विविध चित्रों एवं प्रश्नसारणियों के माध्यम से विचार प्रकट करने के लिए कहा जाता है जैसे, स्याही के धब्बे दिखाकर उसमें प्रदर्शित होनेवाले चित्र के बारे में पूछना; फिर इस चित्र में कौन सा तथ्य या कहानी दर्शायी गई है आदि पर मत व्यक्त करने के लिए कहा जाता है। जब प्रश्नगत व्यक्ति अपना 'मत' स्थापित कर रहा होता है तब एक कुशल मनोवैज्ञानिक उसके चेतन, अचेतन और अर्द्धचेतन व्यक्तित्व का मूल्यांकन कर रहा होता है। विस्तृत स्तर पर प्रयुक्त होनेवाली कुछ प्रक्षेपी प्रविधियाँ हैं—

1. रोशैक परीक्षण (The Rorchach Examination) : एक निश्चित क्रम में दस स्याही के धब्बों को प्रयोग में लाकर परीक्षणीय व्यक्ति से धब्बों के रंग, विषयवस्तु तथा प्रस्तुतीकरण की शैली आदि से सम्बन्धित उत्तर-प्रत्युत्तर तथा व्याख्यात्मक विश्लेषण विषयक मत प्राप्त किए जाते हैं। परीक्षक उत्तर देने की क्षमता, सोच तथा अन्तर्दृष्टि का अध्ययन करता है।

2. आत्मबोधन परीक्षण (TAT) तथा बाल-अन्तर्बोध परीक्षण (CAT) : मार्गन और मर्रे नामक मनोवैज्ञानिकों ने जीवन और व्यक्तित्व के विविध पक्षों को स्पष्ट करनेवाले 30 चित्रकार्डों को विकसित किया। साथ ही परीक्षणीय व्यक्ति को एक खाली कार्ड देने का प्रावधान किया जिस पर चित्र विशेष के बारे में लिखने का कार्य वह कर सके। ये कार्ड व्यक्तित्व के परीक्षण की दृष्टि से 'रोशैक' प्रणाली से अधिक विस्तृत तथा सटीक माने जाते हैं। यह माना जाता है व्यक्ति चित्रात्मक कहानी अभिव्यक्त करते समय अपनी चेतन तथा अचेतन भावनाओं और अपेक्षाओं को प्रकट करता है।

बाल-मन:स्थिति तथा मनोविज्ञान को दृष्टिगत करते हुए तदनुसार बाल-आत्मबोधन परीक्षण चित्रों को प्रयोग में लाया जाता है। इन चित्रों को देखकर बालक जब कहानी कहता है तब उसकी सकारात्मक तथा नकारात्मक सोच और आपराधिक तथा सात्त्विक प्रवृत्तियों का आकलन सहज ही कर लिया जाता है।

3. व्यक्ति-चित्र-निर्माण परीक्षण (Draw a Person Test) : इसमें एक व्यक्ति का चित्र बनाने के लिए कहा जाता है; फिर उस चित्र के विपरीतलिंगी का चित्र बनवाया जाता है। परीक्षणीय सेवार्थी किस लिंगी के चित्र को बड़ा/छोटा बनाता है तथा विपरीतलिंगी का चित्र बनाते समय उनके मध्य कौन सा सम्बन्ध

स्थापित करता है। दोनों चित्रों के मध्य की दूरी आदि विविध दृष्टियों को अपनाते हुए व्यक्तित्व का अध्ययन तथा मनोरोग का निदान किया जाता है।

उपर्युक्त की तरह ही अन्य कई प्रविधियाँ जैसे शब्द निर्माण परीक्षण, वाक्य पूर्णीकरण परीक्षण, सजोंडी परीक्षण, हस्तलेखन व्याख्या प्रविधि आदि का प्रयोग कर एक मनश्चिकित्सक मानसिक समस्याओं का 'निदान' करता है। कतिपय ऐसे भी व्यक्ति होते हैं जो अनावश्यक तथा नितान्त काल्पनिक भय से भयभीत रहते हैं। इस प्रकार के व्यक्तियों के रोग के निदानार्थ परिवेशीय अध्ययन अत्यन्त आवश्यक होता है।

उल्लेखनीय है कि एक प्रशिक्षित तथा व्यावसायिक सामाजिक कार्यकर्ता न तो दैहिक परीक्षणों तक सीमित रहता है और न तो इसे अनावश्यक मानते हुए इसको अस्वीकारता है। वह मनोवैज्ञानिक परीक्षणों तक ही सीमित भी नहीं रहता है; बल्कि इन सबको स्वीकारते हुए परीक्षणीय व्यक्ति की योग्यता में विश्वास करते हुए उसकी परिवेशीय स्थिति तथा सामाजिक और सामुदायिक परिस्थितियों और पारम्परिक बाध्यताओं और शिक्षाओं का भी अध्ययन करता है। तात्पर्य यह है कि वह अन्तर्वैषयिक दृष्टिकोण को अपनाना उपयुक्त मानता है। वह सर्वप्रथम निदानार्थ संक्षिप्त इतिहास का अध्ययन कर उसका अभिलेखीकरण करता है। यह ज्ञान वह सम्बन्धित व्यक्ति (सेवार्थी) तथा उसके अन्तररंग सम्बन्धियों एवं परिवेश से प्राप्त करता है। वह परिस्थितियों पर दृष्टिपात कर मानसिक मन्दता का निदान करता है। वह शारीरिक रोग विशेषज्ञ द्वारा कराए जानेवाले आंगिक तथा स्नायविक परीक्षणों को भी अपनाता है तथा मनोवैज्ञानिक प्रक्षेपी तकनीकों को भी स्वीकारता है। वह अस्फुट विषयेतर बातों का भी सूक्ष्मवीक्षण कर असम्बद्ध प्रतीत होनेवाले कथनों के सचेतन तथा अचेतन महत्त्व को व्यवस्थित कर मन्दता से सम्बद्ध कर उनको नैदानिक महत्त्व का बना देता है। सम्भवत: यही कारण है कि यह माना जाता है कि अध्ययन के अन्तर्गत हम आँखें खोलकर देखते हैं और निदान की अवस्था में हम आँखें बन्द कर विचार करते हैं। समस्या पर सांगोपांग दृष्टि डालकर सोचते हैं। ऐसा इसलिए; क्योंकि विवेच्य विषय 'मानसिक मन्दता' किसी आघात से आविर्भूत हो सकती है तो यह वंशानुगतदोषजन्य भी हो सकती है। सम्भव है कि सेवार्थी के पारिवारिक या सामुदायिक जीवन में किसी व्यक्ति या उसके समूह ने उसमें 'हीन' भावना या दोषभावना भर दी हो जिससे उसका मानसिक विकास दुष्प्रभावित हो गया हो। प्रसिद्ध विद्धान प्रो. राजाराम शास्त्री का इस विषय में कहना है कि "यह एक प्रकार का मानसिक कार्य है जिसके अन्तर्गत अध्ययन की विभिन्न विधियों द्वारा प्राप्त सामग्री पर कार्यकर्ता अपने ज्ञान के सन्दर्भ में विचार करता है और विभिन्न सूत्रों से प्राप्त तथ्यों को संगठित कर आवश्यकतानुसार उनका विश्लेषण और संश्लेषण करता है; फलस्वरूप सेवार्थी के व्यक्तित्व, उसकी समस्याओं, उनके कारण तथा उन्हें दूर करने का

स्पष्ट पता लगाता है। इस प्रकार हम निदान द्वारा सेवार्थी की समस्या तथा उनके कारणों का पता लगाते हैं व समस्याओं के हल के लिए सेवार्थी की परिस्थितियों में परिवर्तन के स्वरूप का पता लगाते हैं।"[1]

एतदर्थ व्यावसायिक सामाजिक कार्यकर्ता निम्न सूचनाओं को समाविष्ट करते हुए तथ्यात्मक अभिलेख का अंकन करता है—

1. आयु और निवास स्थान।
2. समस्या की प्रकृति अर्थात् प्रथम दृष्टि में परिलक्षित होनेवाली विकृति-विषयक लक्षण।
3. जीवन के आरम्भ से अद्यावधि किसकी-किसकी देखरेख में रहा है।
4. जन्म से अब तक की बीमारियों तथा तदर्थ किए गए उपचार।
5. पारिवारिक पृष्ठभूमि जिसमें कौटुम्बिक शिक्षा, व्यवसाय तथा सदस्यों का पारस्परिक सम्बन्ध। उनमें किसी को कोई संक्रामक या गम्भीर रोग हुआ हो या कोई मानसिक या मनोदैहिक रोग से ग्रस्त तो नहीं रहा है से सम्बन्धित तथ्यों को संकलित किया जाता है।
6. प्रश्नगत परीक्षणीय सेवार्थी का साथियों के साथ व्यवहार सम्बन्धी इतिहास।
7. विपरीतलिंगी के प्रति आचरण का इतिहास तथा साम्प्रतिक मत तथा विचारसरणि।
8. विविध परिस्थितियों में प्रदर्शित किए गए तथा किए जा रहे व्यवहार और प्रतिक्रियात्मक कथन।

ज्ञातव्य है कि सामाजिक वैयक्तिक सेवा कार्यकर्ता समग्र एवं सूक्ष्म दृष्टि से सेवार्थी से सम्बन्धित सूचनाओं का संकलन करता है। इन सूचनाओं के साथ ही चिकित्सीय और मनोवैज्ञानिक परीक्षणों का पूर्ण विश्लेषण करके वह मनोविकारों के जनक सभी कारकों का पता लगाता है। इस प्रकार अध्ययन के आधार पर समस्या की प्रसूति, मानसिक मन्दता की प्रकृति तथा तद्विषयक जैविक, दैहिक तथा सामाजिक और पर्यावरणीय कारणों की वास्तविक स्थिति का ज्ञान करता है और उपचार की रणनीति को सुनिश्चित करता है।

सन्दर्भ ग्रंथ

1. डॉ. लाभ सिंह एवं डॉ. गोविन्द तिवारी (2011) : असामान्य मनोविज्ञान : श्री विनोद पुस्तक मन्दिर, आगरा।
2. शास्त्री, राजाराम (2012) : समाजकार्य : उ.प्र. हिन्दी संस्थान, लखनऊ अष्टम संस्करण।
3. Walter J. Coville, Timothy W. Costello, Fabian L. Rouke (1963) : ABNORMAL PSYCHOLOGY : Barnes & Noble, INC. Fourth Printing.

1. शास्त्री, राजाराम (2012) : समाजकार्य अष्टम संस्करण उ.प्र. हिन्दी संस्थान, पृ. 80

आधिगमिक दुर्बलता तथा प्राथमिक शिक्षक के कर्तव्य

बच्चों की शिक्षा माता के गर्भ से ही आरम्भ हो जाती है; परन्तु औपचारिक रूप से उनको सिखाने की व्यवस्था तीन वर्ष की आयु से की जाती है। इस आयु के बच्चे चित्र देखने, समूह में रहने, वस्तुओं के बारे में पूछने आदि के माध्यम से जानकारियाँ प्राप्त करते हैं। उनमें बाह्य संसार के विषय में ज्ञान प्राप्त करने की तीव्र इच्छा होती है। इस आयुगत वैशिष्ट्य को दृष्टिगत करते हुए उनकी देखभाल के साथ ही पूर्व प्राथमिक शिक्षा की व्यवस्था की गई है। तीन वर्ष तक पूर्व प्राथमिक स्तर की शिक्षा प्राप्त करने के पश्चात् उन्हें कक्षा-1 में प्रविष्ट किया जाता है। इस स्तर पर बच्चों को औपचारिक रूप से शिक्षण हेतु तैयार किया जाता है, इसलिए उनका आधिगमिक मूल्यांकन उनकी अभिरुचि तथा सहभागिता की दृष्टि से ही किया जाता है। तात्पर्य यह है कि बच्चों की पठन-पाठन विषयक दुर्बलता बहुत स्पष्ट प्रतीत नहीं होती है। प्रारम्भिक स्तर की तीन कक्षाओं (3 से 5 तक) में बच्चों की विषयवस्तु को समझने की क्षमता स्पष्ट रूप से परिलक्षित होने लगती है। इन बच्चों की जैविक आयु सामान्यत: 8 से 14 वर्ष की निर्धारित है; जो गुप्तकामावस्था के अभिधान से मनोवैज्ञानिकों में प्रख्यात है। यह अवस्था इडिपल के पश्चात् कैशोर्य की अकुलाहट से पूर्व की मानी जाती है। इस वयोवर्ग के बच्चों में कामभावना सुषुप्तावस्था में रहती है। समाज में अपना स्थान बनाने की ललक इनमें अत्यधिक मात्रा में होती है। परिणामस्वरूप ये शिक्षक को आतिशयिक महत्ता प्रदान करते हुए उनके निर्देश को अक्षरश: स्वीकारते हैं तथा उससे भी अधिक उनके व्यवहारों को भी आत्मसात् करने का प्रयास करते हैं। इन सामान्य विशेषताओं के साथ-साथ बच्चों की कक्षा में अपनी पहचान बनाने की निरन्तर कोशिश रहती है। उनका अपने को क्रमश: अच्छा सिद्ध करने का प्रयास रहता है; लेकिन आधिगमिक विविधता के कारण उनकी सम्प्राप्ति का स्तर भिन्न-भिन्न रहता है। उनकी समझने तथा समझ को अभिव्यक्त

करने की भिन्नता को दृष्टिगत करते हुए एलिजाबेथ बी. हरलॉक ने माना है कि इस बात के होते हुए भी कि सभी को विद्यालय में अभिव्यक्ति का समान अवसर प्रदान किया जाता है, बच्चों की प्रगति में भिन्नता पाई जाती है। बोलना सीखने की विविध क्रियाओं और कार्यकलापों में भी मात्रात्मक अन्तर पाया जाता है।[1] स्पष्ट है कि समान वयोवर्ग तथा परिस्थितियों के होने पर भी बच्चों की शैक्षिक अभ्युन्नति की स्थिति में भिन्नता दृष्टिगत होती है। इसी भिन्नता की मात्रा और उसके कारण का ज्ञान करना शिक्षक का महत्त्वपूर्ण दायित्व होता है; न कि कक्षा में पढ़ाना तथा जो तीक्ष्णबुद्धि-बालक हैं उनको ही पढ़ाकर अपने कर्तव्य की इतिश्री कर देना।

एक योग्य तथा संवेदनशील शिक्षक अपने बच्चों के औसत से कम प्रगति दर्शाने पर उनके पिछड़ेपन के लिए उत्तरदायी कारणों का पता लगाता है। इस प्रकार कक्षा-शिक्षण के अतिरिक्त छात्र-अधिगम-दुर्बलता का अध्ययन करना तथा तदनुसार निदान प्राप्त कर उपचारात्मक कार्यों को करना भी वह अपना कर्तव्य समझता है। यह प्रायः देखा जाता है कि कुछ बच्चों में समझने की क्षमता कम होती है तो कुछ में नगण्य होती है। इसके लिए बुद्धिलब्धि (I.Q.) को ज्ञात करके उनकी क्षमता को आकलित करने का प्रयास किया जाता है। सामान्यतः 70 बुद्धिलब्धि से कम लब्धि (I.Q.) वाले छात्रों को पढ़ाने के लिए पृथक् विद्यालय तथा इस हेतु प्रशिक्षित व्यावसायिक शिक्षक ही उचित होते हैं; लेकिन इससे अधिक लब्धि वाले बच्चों को योग्य शिक्षक द्वारा सामान्य बच्चों के साथ पढ़ाया जा सकता है। प्राथमिक विद्यालयों में पढ़नेवाले छात्रों में से अधिकांश 90-110 आई.क्यू. के होते हैं। कुछ इनसे अधिक तथा कुछ इनसे कम लब्धि के भी हो सकते हैं। औसत से कम आई.क्यू. वाले छात्रों में तथ्यों को ग्रहण करने तथा उन्हें अभिव्यक्त करने की क्षमता कम होती है। प्रायः यह पाया जाता है कि कतिपय छात्र अपनी बातों को स्पष्ट नहीं कर पाते हैं तो कुछ बात तो अच्छी तरह से कर लेते हैं, लेकिन पढ़ने, लिखने और गणितीय ज्ञान को प्राप्त करने में दुर्बलता प्रदर्शित करते हैं। यह दुर्बलता या अक्षमता मानसिक अथवा स्नायविक या दोनों ही कारणों से हो सकती है। मानसिक दुर्बलता से ग्रस्त छात्र अपने सुधार के प्रति गम्भीरता नहीं दिखलाता है; परन्तु स्नायविक अक्षमता से युक्त अपनी दुर्बलता के दूरीकरणार्थ निरन्तर प्रयत्नशील रहता है। कतिपय बच्चे अक्षरों का ठीक से उच्चारण करने तथा शब्दों व तन्निर्मित वाक्यों को पढ़ने में कठिनाई

---

1. "In spite of the fact that all children are given similar opportunities to improve their speech in school, there are marked variations in the improvements made. There are also variations in the amount of improvement that takes place in the different tasks involved in learning to speak."

—Elizabeth B. Hurlock : Developmental Psychology, (Fourth Edition) TATA McGraw Hill Publishing, p. 125-26

दिखाते हैं तथा त्रुटि करते हैं। इस प्रकार की समस्या को विशेषज्ञों ने वाग्विकार या डिस्लेक्सिया कहा है। कुछ अक्षरों को उलटा लिखते हैं, विशेषकर गणितीय अंकों को पार्श्व-परिवर्तन कर प्रस्तुत करते हैं। वे 9 को ९ तथा 19 को ९ा जैसे स्वरूप में लिखते हैं। स्पष्ट है कि उनके मस्तिष्क में या तो तद्वत् ही बिम्ब बनता है या उनमें ठीक से व्यवस्थित तरीके से वस्तुओं, अक्षरों या गणितीय चिह्नों को ग्रहण करने की क्षमता कम होती है। कतिपय बच्चे सही क्रम से शब्दों को नहीं लिख पाते हैं वे शब्दों को लिखने में अक्षरों के मध्य तथा वाक्य को लिखते समय शब्दों के मध्य भी असन्तुलित स्थान छोड़ते हैं। अंग्रेजी के शब्दों को लिखते समय कैपिटल लेटर एवं स्माल लेटर का प्रयोग असम्यक् प्रकार से अनावश्यक दूरी या निकटता के साथ करते हैं। इसे लेखन विकार या डिस्ग्राफिया कहा जाता है। कुछ ऐसे भी बच्चे होते हैं जिन्हें गणित की अवधारणाएँ समझ में नहीं आती हैं। इस प्रकार की दुर्बलता गणितीय अक्षमता (Dyscalculia) कही जाती है। इसी प्रकार 'अनवधानता तथा अतिसक्रियता' (ADHD) आदि दुर्बलताएँ बच्चों की सीखने की क्षमता को दुष्प्रभावित करती हैं। कभी-कभी ऐसे भी छात्र मिलते हैं; जो पारिवारिक कलह या अन्य सामुदायिक व्यवहारों से त्रस्त होकर दुश्चिन्ताओं से पीड़ित हो जाते हैं। परिणामत: इनकी भी अधिगम-क्षमता कम हो जाती है। परिवार, समाज या साथी समूह द्वारा किसी कृत दोष को बढ़ा-चढ़ाकर बताने पर दोषभावनाग्रस्त होने या किसी अन्य कारण से हीनभावनायुक्त होने के फलस्वरूप भी ये अपेक्षित अधिगम को प्राप्त करने से वंचित हो जाते हैं। ये बच्चे सामान्य बुद्धिलब्धि के होते हुए भी शिक्षण-अधिगम के व्यावहारिक धरातल पर दुर्बलता ही प्रदर्शित करते हैं।

ध्यातव्य है कि मानसिक रुग्णता, मन्दता, मनोदैहिकदोष, विपरीत पारिवारिक पारिस्थितियाँ और सामुदायिक-पर्यावरणीय परिवेश भी सीखने की क्षमता को प्रभावित करते हैं। शिक्षक अपनी सूक्ष्मेक्षिका द्वारा इन्हें ज्ञात कर उचित समाधान प्रस्तुत करता है। आधिजन्य समस्याओं के समाधानार्थ एक कुशल शिक्षक को सर्वप्रथम ऐसे चिह्नित छात्रों के प्रति प्रेमपूर्ण व्यवहार के लिए प्रतिबद्ध होना आवश्यक है। उसे उनकी रुचि वाली बातों और उनके घर तथा परिवार के सम्बन्ध में सहज भाषा तथा शैली में वार्ता करनी चाहिए। उचित होगा कि बातचीत के माध्यम से छात्र-विशेष के पर्यावरण के बारे में ज्ञान प्राप्त किया जाए। बच्चा अपने माता-पिता, भाई-बहन या अन्य सदस्यों के विषय में वार्ता करते समय किस प्रकार का हाव-भाव प्रकट करता है, इसका भी पर्यवलोकन आवश्यक होता है। उल्लेखनीय है कि यह तभी सम्भव है जब प्रत्येक बच्चे की व्यक्तिगत पत्रावली बनाई जाए तथा उनके व्यवहारों का सूक्ष्म निरीक्षण करते हुए अभिलेखीकरण किया जाए। शिक्षक को चाहिए कि वह प्रत्येक बच्चे के परिवार, पड़ोस तथा दैनिक गतिविधियों का अभिलेखन करे जिससे उनके विषय में यथेष्ट जानकारी प्राप्त की जा सके।

प्राथमिक अथवा उच्च प्राथमिक विद्यालय का शिक्षक सर्वप्रथम छात्र की मानसिक स्थिति का आकलन करता है। समान मानसिक स्तर के बच्चों में भी अधिगम क्षमता समान न होने का सिद्धान्त सम्प्रति सर्वमान्य है। यही कारण है कि विविध परिवेश के समस्तरीय बच्चों की आधिगमिक क्षमता में स्पष्टतः भिन्नता बाहुल्येन देखी जाती है। औसत बुद्धिलब्धि के बच्चों में भी जो एकाकीपन का जीवन व्यतीत करते हैं तथा वे जो समाज के अन्य व्यक्तियों से मिलते हैं की अधिगम की शक्ति भिन्न-भिन्न होती है। तात्पर्य यह है कि अनुभव तथा समाजीकरण, सीखने की क्षमता में वृद्धि करते हैं। अतः शिक्षक को चाहिए कि बच्चों से अधिक से अधिक गतिविधियाँ कराए। वह स्वयं तो उनकी योग्यता में विश्वास करे ही; अन्यों को भी इसी तरह के भाव और व्यवहार प्रदर्शित करने के लिए अभिप्रेरित करे। इस प्रकार के कार्यकलाप से सौम्य मानसिक मन्दता के बच्चों को भी सामान्य विद्यालय के शिक्षकों द्वारा शिक्षित किया जा सकता है।

बच्चों की प्रतिक्रियाओं पर ध्यान देने पर प्रायः यह देखने में आता है कि शिक्षक का कठोर व्यवहार मानसिक दृष्टि से मन्द तथा अधिगमक्षमता की न्यूनता वाले छात्रों में हीनता का भाव उत्पन्न करता है। उनमें आक्रामकता, उदासीनता तथा कुंठा आदि का भी जनन करता है। अतः शिक्षक को कक्षा में आधिगमिक दृष्टि से पिछड़नेवाले छात्रों के प्रति व्यवहार करते समय पूर्णतः सतर्क रहना चाहिए। सामान्यतः ऐसे बच्चे अपनी दुर्बलता छिपाने के लिए शान्त रहते हैं। आरम्भ में शिक्षक उनके कार्य एवं व्यवहार से उनकी मन्दगति तथा समझ को आकलित कर पाता है। बच्चों की विद्यालयीय गतिविधियों में भाग न लेने की प्रवृत्ति, उनका अन्य सहपाठियों के साथ सामंजस्य न स्थापित करना, बड़े-छोटे के साथ व्यवहार में अपरिपक्वता को दिखलाना तथा असामान्य रूप से वार्तालाप करना या भाषायी दुर्बलता को प्रदर्शित करना और कभी-कभी प्रेरक अंगों का न्यून विकास दर्शित होना आदि शिक्षक के लिए विचारणीय होते हैं। इन लक्षणों का भान होने पर शिक्षक को इन्हें आरम्भ में ही दूर करने का यथेष्ट प्रयास करना चाहिए। समय के साथ सब ठीक हो जाएगा जैसी विचारधारा उचित नहीं है; क्योंकि इससे समस्या और बढ़ती है तथा कालान्तर में ये बच्चे स्वयं ही अपने विषय में मत स्थिर कर लेते हैं कि वे अन्य औसत तथा प्रतिभाशाली बच्चों से कम बुद्धि रखते हैं जो उनके विकास को बाधित करता है। समाज के लोग भी इसी तरह की धारणाएँ बना लेते हैं। वर्णित स्थिति में शिक्षक का दायित्व कक्षा-शिक्षण की अपेक्षा इन छात्रों के मन से 'हीन' भावना दूर करना अधिक महत्त्वपूर्ण हो जाता है। पूर्व प्राथमिक के छात्रों के सन्दर्भ में तो यह नितान्त आवश्यक हो जाता है। इसके लिए बच्चों का ध्यान अन्यत्र उन कार्यों में लगाना लाभकारी होगा जिसमें वे अच्छा प्रदर्शन कर सकें। इन्हीं विचारों को दृष्टिगत करते हुए गतिविधि आधारित शिक्षण को आवश्यक माना गया है।

इस सम्बन्ध में मेरिएन जे. एरिक्सन ने कुछ कार्यक्रम आधारित लक्ष्यों का उल्लेख किया है, जो निम्नवत् हैं[1]—

(अ) वैयक्तिक एवं सामाजिक स्वीकृति।

(ब) सुरक्षा और स्वतंत्रता।

(स) वैयक्तिक सन्तुष्टि।

(द) नागरिक उत्तरदायित्व।

(य) स्वातंत्र्य प्रदायक जीवन कौशलों की प्राप्ति।

एरिक्सन का मानना है कि इन लक्ष्यों को आधृत कर सम्पन्न कराए जानेवाले कार्यों से बच्चों में कार्य करने की प्रवृत्ति बढ़ती है। साथी बच्चों द्वारा स्वीकृति प्राप्त होती है जो इन बच्चों के 'अहम्' को तुष्टकर व्यक्तित्व को परिपुष्ट करता है। बच्चे अपने को सुसज्जित रखना सीखते हैं तथा साथियों एवं समाज के अन्य व्यक्तियों के साथ सामंजस्य स्थापित करना सहजता से अनायास ही सीख लेते हैं।

बच्चों के मानसिक स्तर तथा भाषायी ज्ञान को दृष्टिगत करते हुए ही शिक्षक द्वारा बच्चों के मूल्यांकन विषयक कार्यों को सम्पन्न करना चाहिए। उनसे इस प्रकार के प्रश्न नहीं पूछने चाहिए जो उन्हें बहुत ही क्लिष्ट लगें; क्योंकि बार-बार प्रश्नों का उत्तर न देने तथा मूल्यांकनपरक गतिविधियों में भाग लेने पर मिलने वाली असफलता उनमें हीनभावना उत्पन्न कर सकती है। हीनभावना व्यक्तित्व को कमजोर कर आत्मबल को समाप्त कर देती है। अतः बच्चों से कक्षाध्यापक को इस प्रकार के प्रश्न पूछने चाहिए जिनका वह सरलता से उत्तर दे दें। कक्षा में सर्वप्रथम तीक्ष्णबुद्धि वाले उन छात्रों से प्रश्न पूछना चाहिए जो विषय को भलीभाँति जानते हों; क्योंकि वे सम्यक् प्रकार से उत्तर दे देंगे। उचित उत्तर देने पर बच्चे अपने को गौरवान्वित महसूस करते हैं। जब ये छात्र उत्तर बता रहे होते हैं तो उन्हें न्यून अधिगमक्षमता वाले बालक भी सुनते रहते हैं। थोड़ी देर बाद वही प्रश्न देर से सीखने वाले या किंचित् मानसिक मन्द बच्चे से पूछना चाहिए। सही उत्तर बताने पर उनकी प्रशंसा करनी चाहिए। इस क्रिया से उनका आत्मबल बढ़ता है। उन्हें आभास होता है कि वे भी किसी से कम नहीं हैं। यथाशक्य उनको अन्यों की दुर्बलताओं को भी बताना चाहिए जिससे वे अपनी हीनभावना, दुर्बलताजन्य मनोविकृति तथा दोषभावना आदि से मुक्त हो सकें। आधिगमिक दुर्बलता दर्शाने वाले बच्चों को मानसिक समर्थन प्रदान करने के लिए उनकी प्रशंसा निश्चित ही करनी चाहिए। ऐसा करते समय उनकी रक्षायुक्तियों को परिमार्जित नहीं किया जाना चाहिए; क्योंकि इस स्तर पर इससे बच्चों को अपनी समस्या का समाधान करने में सहायता मिलती है। मानसिक समर्थन प्रदान करने के लिए सामाजिक वैयक्तिक सेवाकार्य विशेषज्ञों द्वारा कतिपय उपचारात्मक

---

1. Marion J. Erickson (1965) : The Mentally Retarded Child in the Classroom : The Macmillan Company, New York, p. 68

उपप्रविधियाँ बताई गई हैं। शिक्षक को इन्हें जानना चाहिए तथा बच्चों के सन्दर्भ में यथावश्यक प्रयोग भी करना चाहिए। इनका संक्षिप्त विवरण निम्नवत् है—

स्वीकृति (Acceptance) : इसके द्वारा समस्याग्रस्त को स्वीकृति प्रदान की जाती है जिससे वह अपनी भावनाओं और मनोवृत्तियों को स्पष्ट रूप से व्यक्त कर देता है। शिक्षक इस प्रविधि का प्रयोग करते हुए अपने छात्रों की मनोभावनाओं का पता लगा सकता है। इसके लिए उसे छात्र द्वारा अभिव्यक्त तथ्यों को स्वीकृति प्रदान करते हुए सुनना चाहिए। इसका प्रभाव यह होता है कि छात्र आत्मविषयक उन दुर्बलताओं और तथ्यों को व्यक्त कर देता है जिन्हें वह अस्वीकरण की आशंका से छिपाए रहता है।

व्याख्या (Explaination) : इसके द्वारा शिक्षक, छात्र की आधिगमिक कठिनाई विषयक कारणों का निदान प्राप्त कर स्पष्ट समाधान दे सकता है। छात्र भी प्राप्त निर्देशानुसार कार्य करते हुए अपने में सुधार ला सकता है।

अन्तर्दृष्टि का विकास (Insight Development) : मानसिक संबलयापिका इस प्रविधि द्वारा बच्चों को अपनी भावनाओं, संवेगों और अन्तर्निहित क्षमताओं को सम्यक् प्रकार से समझने में सहयोग दिया जा सकता है। एक कुशल शिक्षक इस प्रविधि द्वारा छात्रों की क्षीण अन्त:शक्ति को दृढ़ बनाने का कार्य कर सकता है।

सामान्यीकरण (Generalization) : शिक्षक छात्रों से जब आत्मीय सम्बन्ध बनाता है तब कई छात्र घरेलू परेशानियों को बताते हैं। कुशल शिक्षक को चाहिए कि वह छात्र को बताए कि ऐसा होना स्वाभाविक है। अन्य छात्र भी ऐसी समस्याओं से ग्रस्त हैं। इससे छात्र राहत महसूस करता है। उसका वैयक्तिक विकास होता है। वस्तुतः यह एक रक्षात्मक युक्तिजनन की क्रिया है जो वर्णित स्थिति में सकारात्मकता के जनन हेतु प्रयुक्त की जा सकती है।

सार्वभौमीकरण (Universalization) : इसके द्वारा समस्याग्रस्त को यह बताया जाता है कि उसकी समस्या तद्वत् या कुछ परिवर्तित रूप में सार्वभौमिक है। यह केवल उसी की समस्या नहीं है; बल्कि कई लोग हैं जो इस समस्या से पीड़ित हैं। उदाहरण के लिए किसी बच्चे को कुछ बड़े शब्दों का उच्चारण करने में कठिनाई होती है तब शिक्षक उन्हें बता सकता है कि उससे वरिष्ठ अन्य बच्चों को यहाँ तक कि उसे स्वयं भी इस शब्द के उच्चारण में कठिनाई का अनुभव हुआ था; लेकिन प्रयास द्वारा उसकी समस्या का समाधान हो गया। इससे छात्र की हीनभावना समाप्त होती है और वह अन्य बच्चों के साथ सीखने की क्षमता को आत्मबल से बढ़ा लेता है।

अवधेय है कि प्राथमिक विद्यालयों का छात्र शिक्षक को अपनी कठिनाइयों तथा पारिवारिक परेशानियों को तभी बताएगा जब उसको विश्वास हो जाएगा कि शिक्षक-शिष्य के मध्य होनेवाली वार्ता को कोई अन्य नहीं जान पाएगा। उसे यह

भी विश्वास होना चाहिए कि उसका गुरु उसका शुभचिन्तक है। शिक्षक को भी संवेदनशील तथा गुरुत्व से युक्त होना चाहिए। एतदर्थ सर्वप्रथम सीखने में पिछड़ने वाले विशिष्ट छात्रों को प्रेम के साथ वार्ता करते हुए स्वीकारना चाहिए। उनसे आरम्भ में उन्हीं बातों को करना चाहिए जिनमें उन्हें सहजता का अनुभव हो। प्रेमपूर्ण बातों के मध्य बच्चे उन बातों को भी अभिव्यक्त कर देते हैं जिनके कारण उनमें दोषभावना या हीनभावना का प्रस्फुटन हुआ रहता है। इस अभिव्यक्ति मात्र से उनमें आत्मविश्वास का प्रादुर्भाव होता है तथा हीनता का क्षरण होना आरम्भ हो जाता है। वे अपने अध्ययन में आनेवाली कठिनाइयों को भी न्यूनाधिक रूप से स्पष्ट कर देते हैं जिनका समाधान शिक्षक के परामर्शों से कर दिया जाता है।

यह भी ध्यातव्य है कि ऐसे बच्चों से वार्ता करते समय ऐसी भाषा का प्रयोग होना चाहिए जो सरलतया एक-दूसरे के समझ में आ जाए। शिक्षक को एक कुशल तथा व्यावसायिक विशेषज्ञ की तरह सतर्क होकर इस प्रकार के कई बच्चों के होने पर भी सबकी समस्या का एक ही कारण तथा निदान नहीं मानना चाहिए। उसे यह ज्ञात होना चाहिए कि पृथक्-पृथक् बच्चों की समस्या का निदान तथा समाधान का स्तर भिन्न-भिन्न होता है। प्रत्येक बच्चे में आत्मनिर्णय की क्षमता पृथक्-पृथक् होती है। शिक्षक जब उनके साथ वार्ता करते समय उनके निर्णयों तथा सम्यक् उत्तर-प्रत्युत्तर को स्वीकारता है तो उनका आत्मविश्वास बढ़ता है जो निस्सन्देह उनकी अधिगम क्षमता का वर्धन करता है।

कभी-कभी ऐसा भी हो सकता है कि ऐसा चिह्नित बच्चा शिक्षक के साथ वार्ता करते समय क्रोध, घृणा अथवा अत्यधिक प्यार की भावनाएँ ऐसे समय में व्यक्त करे जिस समय वह औचित्यहीन प्रतीत हो। ऐसी परिस्थिति में शिक्षक को समझ लेना चाहिए कि यह प्रतिस्थापन के कारण है। उदाहरणार्थ, घर में चाचा-चाची, सौतेली माता अथवा किसी अन्य ईर्ष्यालु व्यक्ति के कुत्सित व्यवहार-प्रसूत अनुभूत ऋणात्मक भावनाएँ वह शिक्षक के प्रति व्यक्त कर रहा हो सकता है; क्योंकि मनोवैज्ञानिकों के मत में द्वेषजन्य पारिवारिक परिवेश में पालित एवं पोषित बच्चों द्वारा अपने शिक्षकों के प्रति अपनी ऋणात्मक भावनाओं का व्यक्त किया जाना स्वाभाविक है। यह भी ज्ञातव्य है कि यह प्रतिस्थापन केवल नकारात्मक ही नहीं होता है; बल्कि सकारात्मक भी हो सकता है। जो बच्चे माता-पिता के प्यार से वंचित रहते हैं, वे नैराश्य तथा द्वेष से भरे तो होते ही हैं; लेकिन साथ ही साथ मातृत्व-लालन की भावना भी उनमें बलवती रहती है। यह प्यार तथा अपनत्व की अतृप्त भावना, पूर्ति के अभाव में अचेतन में चली जाती है जो विद्यालय में शिक्षिका के प्रति हठात् अभिव्यक्त हो जाती है। इस तरह की क्रिया प्रच्छन्न-प्रतिस्थापन से अभिहित होती है; क्योंकि इसके पीछे आक्रोश और बदले की भावना अन्तर्निहित होती है। शिक्षक तथा शिक्षिका को इसे समझना चाहिए तथा उसके साथ प्रेमपूर्ण व्यवहार करना

चाहिए। उल्लेखनीय है कि क्रोधपूर्ण व्यवहार के बदले में बच्चा सदा ही तद्वत् कठोर उत्तर-प्रत्युत्तर ही प्राप्त करता है; परन्तु जब शिक्षक द्वारा उसे सद्व्यवहार मिलता है तब उसमें नवीन भाव जागृत होते हैं जो उसके व्यक्तित्व को पोषण प्रदान करते हैं। शनैः-शनैः उसका व्यक्तित्व सन्तुलित होता है और उसकी वयोजन्य लालसाएँ जागृत हो जाती हैं और वह सावधानीपूर्वक मनोयोग से कक्षाध्यापकों की बातों को सुनता है जिससे निस्सन्देह उसकी अधिगम क्षमता बढ़ती है।

कभी-कभी शिक्षक द्वारा छात्रों को उनके व्याघाती व्यवहारों को इस प्रकार बताना चाहिए जिससे उन्हें अपनी त्रुटियों को समझने में सहायता मिले। इससे वे स्वतः ही अपने परस्पर विरोधी व्यवहारों को त्यागने के प्रति सतर्क हो जाते हैं। शिक्षक सीधे-सीधे उन्हें अपने व्यवहारों को त्यागने के लिए नहीं कहता है अपितु इस प्रकार से सचेत करता है जिससे वह अपने व्यवहार के प्रति तार्किक दृष्टिकोण विकसित कर लेता है। इससे उसकी निर्णयात्मिका क्षमता बढ़ती है।

वस्तुतः एक कुशल शिक्षक व्याख्या, स्पष्टीकरण, अन्तर्दृष्टि का विकास तथा मानसिक समर्थन प्रदानीकरण जैसी तकनीकों का प्रयोग सावधानी के साथ करते हुए प्राथमिक तथा उच्च प्राथमिक कक्षा के छात्रों की इच्छाशक्ति को दृढ़ता प्रदान करते हुए उनकी समझ-शक्ति को बढ़ा सकता है। शिक्षक कठिन शब्दों को तोड़कर तथा बच्चों के साथ उनको उच्चारित कर उनकी उच्चारण क्षमता को बढ़ाने में सहायता कर सकता है। उसे चाहिए कि वह गणित के उन स्थलों को छात्रों को बताए जिन्हें वे सहज ही समझ सकें। मौखिक मूल्यांकन करते समय छात्र जब सही उत्तर दें तो शिक्षक को उनकी प्रशंसा करनी चाहिए। इससे गणित से उनका भय समाप्त हो जाता है। यही क्रिया सभी विषयों के सन्दर्भ में की जा सकती है।

बच्चों के परिवार तथा पार्श्ववर्ती समुदाय के सदस्यों को भी व्याख्या तथा स्पष्टीकरण की तकनीक द्वारा समझाया जा सकता है तथा उनकी सकारात्मक संवेदना को जागृत किया जा सकता है जिससे चिह्नित बच्चों को परिशोधित पर्यावरण प्रदान किया जा सके जो उनके विकास का साधक हो। बच्चों को अन्य कार्यों में लगाना भी उनके व्यक्तित्व को पोषण प्रदान करने की एक महत्त्वपूर्ण विधि है। कुछ बच्चे खेलना, तैरना तथा मिट्टी से खिलौने बनाना आदि कार्यों में रुचि दिखाते हैं। ऐसी स्थिति में हीनभावना तथा एकाकीपन का भाव रखनेवाले बच्चों को इन समस्याओं से मुक्त कराने हेतु खेल तथा अन्य गतिविधि आधारित शिक्षण कार्य में लगाया जा सकता है। साथ में खेलने से बच्चों में 'हम' का भाव तथा प्रजातांत्रिक प्रवृत्तियों का जनन होता है। मिट्टी की गोलियाँ बनाने, खिलौने तथा मूर्ति बनाने के कार्य से बच्चों की रचनात्मक क्षमता को प्रस्फुटित तथा विकसित होने का अवसर प्राप्त होता है। अन्त्याक्षरी कार्यक्रम के लिए बच्चे कविताओं को याद कर लेते हैं और समयानुसार सुनाते हैं जिससे उनकी अभिव्यक्ति क्षमता बलवती होती है। इन

कार्यक्रमों—मिट्टी के कार्य, अन्त्याक्षरी कार्यक्रम आदि—को सम्पन्न करते समय बीच-बीच में कठिनाइयाँ आती हैं। शिक्षक को इन कठिनाइयों को सुअवसर के रूप में लेना चाहिए और बच्चों को यथेष्ट सहयोग प्रदान करना चाहिए। शिक्षक यथासमय प्रेरणादायी कहानियों द्वारा भी बच्चों की अन्तर्निहित क्षमता को उद्दीप्त करने का कार्य कर सकता है।

समग्र दृष्टि से चिन्तन करने तथा विशेषज्ञों के आनुभविक परामर्शों की विवेचना से यह स्पष्ट होता है कि सीखने की क्षमता की मन्दता से समन्वित बच्चों की गतिविधियों का अध्ययन करके व्याख्या, स्पष्टीकरण, अन्तर्दृष्टि का विकास तथा मानसिक समर्थन प्रदान करके उनकी शैक्षिक समुन्नयनशक्ति को बढ़ाया जा सकता है। परिवार तथा परिवेश से सम्पर्क स्थापित कर उसमें आवश्यकतानुसार परिशोधन तथा परिवर्धन किया जा सकता है जिससे बच्चा उपयुक्त वातावरण में शैक्षिक तथा सामाजिक विकास कर सके। इस प्रकार शिक्षक द्वारा छात्रों की पठन-क्षमता में वृद्धि की जा सकती है। यह तभी सम्भव है जब वह अपने छात्रों की मानसिक और सामाजिक समस्याओं को जानता हो। इसके लिए शिक्षक में मानवीय करुणा एवं सहयोग की भावना विद्यमान होनी चाहिए। उनमें रक्षायुक्तियों—शमन, दमन, उदात्तीकरण, विस्थापन, प्रक्षेपण, तादात्म्यीकरण, प्रतिगमन, समीचीनीकरण, अन्यारोपण, अन्तर्निवेशन आदि—की समझ-शक्ति भी होनी चाहिए। ऐसा इसलिए क्योंकि उसे अपने छात्रों की मानसिक तथा तंत्रिकातंत्र सम्बन्धी दुर्बलताओं और विशिष्टताओं को पहचानना और तदनुसार व्यवहार करने की आवश्यकता होती है। इसको दृष्टिगत करते हुए शिक्षकों का समय-समय पर प्रशिक्षण भी होना चाहिए।

सन्दर्भ ग्रंथ

1. Elizabeth B. Hurlock, *Developmental Psychology,* Fourth Edition, TATA McGraw Hill Publishing, p. 125-26
2. Marion J. Erickson (1965), *The Mentally Retarded Child in the Classroom,* The Macmillan Company, New York, p. 68

पूर्व प्राथमिक शिक्षा : महत्त्व तथा कार्यान्वयन

सम्प्रति बच्चों को बाल्य देखभाल के साथ ही बहुआयामी खेल आधारित शिक्षा दिए जाने पर बल दिया जा रहा है। यह प्रयास किया जा रहा है कि उनकी तार्किक सोच को विकसित किया जाए जिससे उनमें निर्णय लेने तथा गम्भीरता के साथ सोचने और कार्य करने के संस्कार का जनन हो सके। इस उद्देश्य से राष्ट्रीय शिक्षा नीति 2020 द्वारा 3 से 18 वर्ष के बच्चों के लिए 5+3+3+4 अर्थात् 5 वर्ष तक पूर्व प्राथमिक से कक्षा 2 तक की शिक्षा तत्पश्चात् कक्षा 3 से 5 तक की शिक्षा और उसके पश्चात् कक्षा 6 से 8 तक की शिक्षा-व्यवस्था का प्रावधान किया गया है। इस 5+3+3 की प्रारम्भिक शिक्षा व्यवस्था को क्रमशः फाउंडेशनल (पूर्व प्राथमिक से कक्षा 2 तक), प्रिपेयरेटरी (कक्षा 3 से 5) तथा मिडिल (कक्षा 6 से 8) स्तरीय शिक्षा के नाम से प्रख्यापित किया गया है। इसके लिए 3 से 14 वर्ष तक की आयु नियत की गई है। मनोवैज्ञानिक दृष्टि से यह व्यक्तित्व विकास की इडिपल तथा तिरोहित कामावास्था की विशेषताओं का काल है। इस अवस्था के बच्चों में ज्ञान प्राप्त करने की जबरदस्त इच्छा होती है। तिरोहित या गुप्तकामावास्था के बच्चों में अपने वयोवर्ग के साथियों के मध्य पहचान बनाने की ललक स्पष्टतः देखने को मिलती है। जो बच्चे अपने साथी समूह में स्थान नहीं बना पाते हैं उनमें 'हीनभावना' का उदय होता है जो उनके उत्साह का भंजन करके उनके स्वस्थ वैयक्तिक विकास में बाधा उत्पन्न करता है। वर्णित परिस्थिति सर्वथा भयावह होती है। यही कारण है कि कक्षा-शिक्षण से पूर्व उन्हें उत्साह से समन्वित तथा परिवेशीय ज्ञान से युक्त करने की आवश्यकता अनुभूत की गई। इसके लिए उन्हें मानसिक समर्थन देने तथा रुचिपूर्ण विधियों, प्रविधियों तथा सक्रिय गतिविधियों के माध्यम से किंचित् शिक्षा देने और कक्षा-शिक्षण हेतु पूर्णरूप से तैयार करने की योजना बनाई गई। अब यहाँ दूसरी चिन्ता सताती है कि कहीं ऐसा न हो कि बच्चों का बचपन सुनियोजित तथा औपचारिक शिक्षा के लोभ में समाप्त हो जाए। यदि ऐसा होगा तब पूर्ववर्णित

स्थिति की अपेक्षा यह शिक्षण व्यवस्था अधिक हानिकारक सिद्ध होगी। इन तथ्यों पर गहन विचार एवं सूक्ष्म-वीक्षण करने पर उचित प्रतीत होता है कि कक्षा-पूर्व शिक्षा दी जाए, लेकिन ऐसे व्यक्तियों द्वारा जो व्यक्तित्व विकास के मनोवैज्ञानिक लक्षणों एवं प्रभावकारी व्यवहारों के ज्ञान से युक्त हों।

अवधेय है कि वर्तमान समय में विद्वज्जनों द्वारा प्राथमिक कक्षाओं से पूर्व शिक्षा देने को आवश्यक माना जा रहा है। एतदर्थ उनके समुदाय तथा अभिभावकों को भी मधुर व्यवहार के साथ ही बच्चों को उत्साहित करनेवाली भाषा और तद्वत् व्यवहार करनेवाला बनना पड़ेगा। उन्हें बच्चों में सद्गुणों के विकास तथा रचनात्मक कौशलवर्धनार्थ वातावरण उपलब्ध कराने हेतु प्रयत्नशील होना पड़ेगा। यह देखा जाता है कि बच्चों को जिस परिवेश में रखा जाता है वे वैसा अनायास ही बन जाते हैं। वे बड़ी उम्र के लोगों की अपेक्षा शीघ्रतया परिस्थितिजन्य व्यवहार में निपुण हो जाते हैं। काष्ठकला में प्रमाणपत्र प्राप्त व्यक्ति की अपेक्षा वह बच्चा जो लकड़ी के कार्य करनेवाले लोगों के मध्य रहता है काष्ठ से सम्बन्धित कार्यों में अधिक निपुण तथा समर्थ होता है। नदी के किनारे रहनेवाला बालक अनायास ही तैरना सीख लेता है। तात्पर्य यह है कि बच्चे अपने मस्तिष्क का अधिकाधिक प्रयोग करने की क्षमता सहज ही विकसित कर लेते हैं। इसके विपरीत सम्यक् वातावरण न मिलने पर उच्च आनुवंशिक गुणों से युक्त बच्चों का भी आधिगमिक स्तर न्यूनतम हो जाता है। विशेषकर आज जब संयुक्त परिवार टूट रहे हैं, एकाकी परिवार में भी पति और पत्नी, दोनों के रोजगार में लगे होने की प्रवृत्ति बढ़ रही है तब बच्चों को अधिगमार्थ उपयुक्त वातावरण नहीं मिल पा रहा है। उनमें एकाकीपन के मनोविकृतिवर्धक भाव-जनन का परिलक्षण सहज ही हो रहा है। अत: उनको उपयुक्त वातावरण और सीखने के आनन्द हेतु पूर्णत: प्रशिक्षित शिक्षकों का सान्निध्य प्रदान किया जाना नितान्त आवश्यक है। वह अध्यापक जो बच्चों में पढ़ाई के प्रति अरुचि उत्पन्न नहीं होने देता है, उसे कुशल शिक्षक माना जाता है। इस उम्र में बच्चे कहानी सुनने तथा खेलने में अत्यधिक रुचि लेते हैं। शिक्षक को चाहिए कि वह उन्हें महापुरुषों की कहानियाँ सुनाए। गलत आचरण करनेवाले की निन्दा तथा अच्छे आचरण पर प्रशंसा पानेवाले लोगों के विषय में जानकारी दे। इससे बच्चों में सहज ही जीवन कौशल तथा सामाजिक मूल्य विकसित होने लगते हैं। उनमें सद्विवेक तथा सद्गुणों का स्वाभाविक रूप से प्रादुर्भाव होने लगता है।

अनुभवजन्य तथ्य यह है कि 'प्रारम्भिक बाल्यावस्था देखभाल और शिक्षा' कार्यक्रम के कार्यान्वयन के परिणामस्वरूप बच्चों के विद्यालयीय ठहराव में वृद्धि के साथ-साथ उनमें नैतिकता, जीवन कौशल और अन्य अपेक्षित जीवन मूल्यों का संस्कार दृष्टिगत होता है। सम्भवत: यही कारण है कि राष्ट्रीय शैक्षिक अनुसन्धान एवं प्रशिक्षण परिषद् (एन.सी.ई.आर.टी.) द्वारा हाल ही में इसे आवश्यक मानते

हुए पूर्व प्राथमिक शैक्षिक इकाइयों के संचालनार्थ दिशा-निर्देश (Guideline for Pre-school Education 2019) प्रकाशित किया गया है।

उल्लेखनीय है कि वैश्विक स्तर पर छह वर्ष की आयु से आरम्भ होनेवाली कक्षा शिक्षणक्रिया से पूर्व बच्चों को दी जानेवाली शैक्षिक व्यवस्था को उचित माना जा रहा है। इस हेतु दो अथवा तीन वर्ष की आयु को प्राप्त कर लेनेवाले बच्चों को रोचक गतिविधियों के माध्यम से खेल-खेल में शिक्षा देने को उपयुक्त माना गया है। इस पूर्वप्राथमिक शैक्षिक व्यवस्था का उद्देश्य बच्चों को विद्यालयीय शिक्षा के लिए तैयार करना है। वर्णित परिस्थितियों में शारीरिक स्वास्थ्य, मानसिक विकास, सांवेगिक सन्तुलन और जीवन कौशल को विकसित करनेवाले कार्यक्रमों की रूपरेखा तैयार किया जाना अपेक्षित हो जाता है। यह निश्चित हो जाने पर कि पूर्व प्राथमिक शिक्षण आवश्यक है तथा इसका आरम्भ तीन वर्ष की आयु से किया जाना निर्धारित है और इसका मूल उद्देश्य आनन्ददायी स्थिति प्रदान करते हुए बच्चों को विद्यालयीय औपचारिक शिक्षा हेतु तत्पर करना है, तब बाल मनोविज्ञान से परिचित शिक्षकों की देखरेख में ही इसे सम्पन्न कराने का गुरुतर दायित्व स्वतः ही अभिव्यक्त हो जाता है। निर्धारित आयु पर दृष्टिपात करने पर यह स्पष्ट होता है कि मुखकामावस्था तथा गुदकामावस्था के पश्चात् इडिपल या प्रसिद्ध मनोवैज्ञानिक एरिक्सन के शब्दों में 'पहल बनाम दोषभावना' जैसी सामान्य मनोवैज्ञानिक प्रवृत्तियों से ओतप्रोत भावनाओं वाला यह वैयक्तिक विकास का मनोवैज्ञानिक कालखंड है। सिग्मण्ड फ्रायड के अनुसार इस अवस्था में बच्चों को विपरीतलिंगी अभिभावक के साथ सन्तुष्टि प्राप्त होती है। एरिक्सन तथा तदनुयायी मनोवैज्ञानिकों के अनुसार यह कार्य करने की इच्छा अर्थात् 'मैं कर सकता हूँ' के विश्वास तथा न करने की स्थिति में या गलत करने की दशा में दोष-भावनाग्रस्त होने के द्वन्द्वात्मक मनोभाव के अभिव्यंजन की आयु का काल होता है। यह भी ध्यान देने की बात है कि बच्चों से बहुत अधिक अपेक्षा करना भी उन्हें तनावग्रस्त कर देता है। एलिजाबेथ बी. हरलॉक का मत है कि वह बच्चा जिसके माता-पिता उससे बहुत अधिक अपेक्षाएँ करते हैं उस बच्चे की अपेक्षा भावनात्मक तनाव से अधिक पीड़ित रहता है जिसके माता-पिता दयालु अनुमोदक होते हैं।[1] अर्थात् बच्चों को पूर्ण स्वतंत्रता तथा उनकी इच्छा और क्षमता के अनुरूप ही अधिकाधिक कार्यकलापों में सन्नद्ध करना चाहिए। इस अवस्था में बच्चा निरन्तर अन्य लोगों के सान्निध्य में रहता है। इस कालखंड में बच्चे की शारीरिक एवं मानसिक विकास की गति तीव्रतम होती है। इस उम्र में

1. The child whose parents expect him to measure up to unrealistically high standards will experience more emotional tension than the child whose parents are more pemissive.
—Elizabeth B. Hurlock (1976) : Developmental Psychology (Fourth Edition) , p. 99

जहाँ उसमें तेजी से शारीरिक विकास होता है, वहीं मानसिक धरातल पर सीखने और पहचान बनाने की भूख भी प्रबल होती है। नवीनतम शोधों के अनुसार छह वर्ष की आयु तक मस्तिष्क का पचासी प्रतिशत विकास हो जाता है। ऐसे में इस लगभग विकसित मस्तिष्क को यथाशीघ्र क्रियाशीलता प्रदान करने हेतु वय:समर्थित परिस्थितियाँ उपलब्ध कराना अत्यन्त आवश्यक हो जाता है। खेलने तथा पारस्परिक वार्तालाप के अवसर दे करके भी उन्हें भाषायी विकास तथा सम्प्रेषण की कला विकसित करने और निर्णय लेने की क्षमतावर्धन का अवसर दिया जा सकता है।

'हमउम्र' साथियों के साथ खेलने में प्रत्येक बच्चा आनन्द का अनुभव करता है। खेल-खेल में ही वह 'हम' की भावना तथा अपनी क्रीड़ा-विजय हेतु योजना बनाने की कला विकसित करता है। इस अवधि में यदि उसके माता-पिता या अभिभावक अथवा शिक्षक या कोई अन्य व्यक्ति निरन्तर कमियाँ बताते हुए उन्हें डाँटता है या आतिशयिक नियंत्रण प्रदर्शित करता है तब उनमें दोषभाव तथा तज्जन्य नकारात्मक प्रवृत्तियों का जनन होता है। वर्णित परिस्थिति में यह आवश्यक हो जाता है कि इस उम्र के बच्चों के साथ सतर्कतापूर्ण मानसिक पोष प्रदान करनेवाला व्यवहार किया जाए। इस महान् उद्देश्य की प्राप्ति हेतु सुनियोजित प्रयास करना आवश्यक है। इस हेतु बुनियादी सुविधाएँ तथा प्रशिक्षित शिक्षक—दोनों का ही उच्चकोटि का होना अपेक्षित है। आधारभूत सुविधाओं में निम्नांकित व्यवस्था किया जाना उचित होगा—

1. वयोनुरूप क्रीड़ा सामग्री से युक्त कक्षा-कक्ष।
2. क्रीड़ार्थ क्षेत्र।
3. यथाशक्य श्रव्य-दृश्य साधनों से युक्त पुस्तकालय।
4. शुद्ध पेयजल की व्यवस्था।
5. शौचालय की व्यवस्था।

ज्ञातव्य है कि भौतिक संसाधनों के साथ ही बच्चों को उनके समग्र विकासार्थ पर्याप्त समय दिया जाना भी आवश्यक होता है। नितान्त प्राचीन काल से आधुनिक काल तक तथा प्राच्य विचारकों से लेकर पाश्चात्य विचारकों तक सभी के द्वारा बच्चों की योग्यता में विश्वास किया गया है। ऋग्वेदकालीन ऋषि का उद्घोष है—

नाभ्या आसीदंतरिक्षं शीर्ष्णो द्यौः समवर्तत।
पद्भ्यां भूमिर्दिशः श्रोत्रात्तथा लोकां अकल्पयन्॥[1]

(ऋग्वेद, पुरुष सूक्त, ऋचा संख्या 14)

अर्थात् उस प्रजापति रूप परम पुरुष की नाभि से अन्तरिक्ष लोक बना, सिर से भूलोक उत्पन्न हुआ, दोनों पैरों से भूमि उत्पन्न हुई और कानों से दिशाएँ उत्पन्न

1. डॉ. हरिदत्त शास्त्री एवं डॉ. कृष्ण कुमार, ऋक् सूक्त संग्रह, (2000) : पृ. 403

हुईं। इस प्रकार उस पुरुष से देवताओं ने लोकों की रचना की। पुरुष सूक्त के इस मंत्र से यह स्पष्ट होता है कि उस अंशी द्वारा ही सम्पूर्ण लोकों का उद्‌भव हुआ है जिसके हम अंश हैं। अत: हमारे में भी वह क्षमता सन्निहित है; क्योंकि कारण की क्षमता कार्य में होना सर्वथा सिद्ध है। सम्भव है इस कथन में अतिरंजना हो; परन्तु इसमें अभिवर्णित तथ्य का आपातत: अस्वीकरण सर्वथा अनुपयुक्त होगा। आधुनिकतम विचारधाराओं में से एक मत यह भी है कि मनुष्य द्वारा अपने मस्तिष्क का 10 प्रतिशत ही उपयोग किया जाता है। यद्यपि इस मत में भी अतिशयोक्ति की सम्भावना है, परन्तु इसका पूर्णत: खंडन तथ्यों का अपलाप करना ही होगा। जो भी हो प्रत्येक स्थिति में यह सत्य है कि अभ्यास अधिगम में सहायक होता है। जिस प्रकार व्यायाम से शारीरिक अवयव बलिष्ठ होते हैं उसी प्रकार कार्य करने की निरन्तरता कौशलवर्धन को पोषण प्रदान करती है। नीरसता से क्लान्तता उत्पन्न होती है जो व्यायाम तथा तत्प्रसूत अभ्यास को दुष्प्रभावित करती है। इसके विपरीत सरसता द्वारा श्रान्तता का अपाकरण कर अभ्यास को गति प्रदान कर मानव मस्तिष्क को ऊर्जान्वित किया जाता है। यही कारण है कि बच्चों को जिज्ञासु बनाने तथा उनके शिक्षण हेतु परिवेशीय पाठ्यक्रिया पर बल दिया जाता है। बौद्धिक वर्ग किसी भी कार्य को करते समय उसकी उपादेयता पर मंथन करता है। ऐसे में इन परामर्शों पर भी तर्कपूर्ण चिन्तन समीचीन होगा। सर्वप्रथम यह प्रश्न उठता है कि बच्चों को जिज्ञासु बनाने पर बल क्यों दिया जाए? इसके उत्तरस्वरूप हम कह सकते हैं कि यह जिज्ञासा ही है जो प्राणियों को सीखने के लिए उद्यत करती है। वे अपने मस्तिष्क का उपयोग करने को प्रवृत्त होते हैं। जो जितना ही अधिक मस्तिष्कीय व्यायाम करेगा तथा तत्समर्थित अभ्यास करेगा, वह उतना ही अधिक तीक्ष्णबुद्धि व्यक्तित्व विकसित करेगा। एक बच्चा जब जन्म लेता है तब यह सम्पूर्ण संसार उसके लिए अपरिचित होता है; लेकिन आवश्यकतानुसार वह माता-पिता तथा समाज को समझता है और भाषा को सीखता है। उचित तथा अनुचित को जानने और तदनुसार निर्णय लेने में समर्थ होता है। निष्कर्ष यह है कि वास्तविक अर्थों में जिज्ञासा अधिगम का उत्स है। पुन: प्रश्न उठता है कि रुचिपूर्ण शैक्षणिक वातावरण के निर्माण की आवश्यकता क्यों? इस क्यों के उत्तर हेतु गहन विचार और सूक्ष्म वीक्षण के पश्चात् हम पाते हैं कि बच्चा जीवन के आरम्भ से ही अपने आसपास से सीखता है। वह देखकर तथा सुनकर ही आरम्भ में अपनी माता से प्यार पाने की बात को जानता है। परिवेश में उसकी स्वाभाविक रुचि होती है। तीन वर्ष की अवस्था तक वह अपने परिवेश से आत्मीयता भी स्थापित कर लेता है। परिणाम यह होता है कि उसे चिर-परिचित स्थलों तथा व्यक्तियों के मध्य सीखना सहज लगता है। वह स्वयं ही सीख रहा होता है। ऐसे में जब कोई उसे कुछ बताता है तो उसे स्वत:स्फूर्त आनन्द का अनुभव होता है। यह वह स्थिति है जब बच्चा सीखने

की लालसा में वृद्धि करता है। शिक्षक जब उसके सहजता से प्राप्त ज्ञान की प्रशंसा करता है तब उसे मानसिक संबल प्राप्त होता है, जो उसकी आधिगमिक क्षमता का वर्धन करता है। शिक्षक, वर्णित परिस्थिति को जानने के कारण जानबूझकर रुचिपूर्ण परिवेश को और अधिक रुचिसमन्वित करता है जिससे असीम सम्भावनाओं से युक्त बच्चों को अपनी अदम्य क्षमता तथा अनन्त कौशलों को मूर्तरूप प्रदान करने की योग्यता विकसित करने का अवसर मिलता है। परिचित स्थान तथा विषयवस्तु बच्चों को असहज परिस्थिति से बचाते हैं। सम्भवतः यही कारण है कि क्रीड़ा, कहानी, कविता तथा पार्श्ववर्ती पर्यावरण को विवेच्य अवस्था के बालकों के लिए अत्यन्त आवश्यक माना जाता है।

उल्लेखनीय है कि बच्चों को खेलने का पर्याप्त अवसर तथा खुला वातावरण प्रदान किया जाना चाहिए। यह आनुभाविक तथ्य है कि क्रीड़ा प्रत्येक प्राणी को रुचिकर लगती है। बच्चों को इसका अवसर प्राप्त होना चाहिए। इससे उनका मनोरंजन भी होता है और शारीरिक एवं मानसिक अभ्यास की क्षमता तथा प्रवृत्ति भी बलवती होती है। अतएव उचित होगा कि बच्चों के शिक्षण हेतु अधिकृत शिक्षक निम्न बिन्दुओं को दृष्टिगत करते हुए उनके साथ व्यवहार करें—

- शिक्षकों को बच्चों की योग्यता में विश्वास करना होगा।
- यह सतत ध्यान रखना होगा कि ये बच्चे हैं। इनका बचपन इनसे पृथक् नहीं किया जाना चाहिए।
- स्वतंत्र तथा निर्भय होकर परिवेश को पहचानने तथा जानने का उन्हें अवसर प्रदान किया जाना चाहिए।
- बच्चों की प्रशंसा तालियाँ बजाकर तथा उनके मनोनुकूल कहानियाँ सुनाकर या 'खेल' कराकर की जानी चाहिए जिससे उनका आत्मविश्वास बढ़े।
- गलतियों को बताना चाहिए, परन्तु इसके लिए उनकी निन्दा नहीं करनी चाहिए और डाँटना भी नहीं चाहिए।
- बच्चों के साथ बात करनी चाहिए और उन्हें अपनी बात कहने में सहायता प्रदान करनी चाहिए। इससे बच्चों के शब्दकोश में वृद्धि के साथ ही उनमें अपनी बात को प्रस्तुत करने की कलात्मक क्षमता विकसित होती है।
- बच्चों के विषय में सही-गलत का निर्णय सद्यः नहीं करना चाहिए, क्योंकि बार-बार गलत होने की स्थिति में वे अपनी बात स्वतंत्र रूप से कहने में असहजता का अनुभव करने लगेंगे।
- प्रत्येक बच्चे की समझ-शक्ति तथा योग्यता पृथक्-पृथक् होती है, इस तथ्य को ध्यान में रखना चाहिए।
- जीवन कौशलों को विकसित करनेवाली गतिविधियों को पाठ्यचर्या के रूप में उपयोग में लाना चाहिए।

कहने का भाव यह है कि शिक्षकों द्वारा बच्चों को मानसिक समर्थन प्रदान करनेवाली तथा उनके दोषभाव को दूर करनेवाली शिक्षण शैली को अपनाना चाहिए। उनके द्वारा भाषायी तथा गणितीय ज्ञान खेल-खेल में कराना चाहिए। उन्हें इस तथ्य को सदा ध्यान में रखना चाहिए कि कक्षा पूर्व शिक्षण योजना बच्चों को विद्यालय हेतु तत्पर करने के उद्देश्य से कृत व्यवस्था है। अत: उन्हें इस कार्य को इस प्रकार सम्पन्न करना चाहिए जिससे बच्चों में शिक्षा के लिए बुभुक्षा पैदा हो न कि वितृष्णा। मेरे विनम्र मत में इस कार्य को सम्पन्न करने का दायित्व पूर्णप्रशिक्षित शिक्षक को दिया जाना चाहिए जिसने बाल-मनोविज्ञान तथा मनोवैज्ञानिक समाजकार्य का अध्ययन किया हो। सम्प्रति 'राष्ट्रीय शिक्षा नीति 2020' में कक्षा पूर्व शिक्षण के साथ ही प्रथम तथा द्वितीय स्तर की कक्षाओं को सम्मिलित करते हुए एक शैक्षणिक इकाई स्थापित किया जाना प्रावधानित है। इसमें 3 वर्ष से 8 वर्ष तक बच्चों के लिए फांउडेशनल शैक्षिक इकाई का स्वीकरण है जिसमें बाल्य देखभाल के साथ ही पूर्व प्राथमिक तथा कक्षा 1 तथा 2 के बच्चों को शिक्षा दी जाएगी। यद्यपि यह आरम्भिक स्तर की 'शाला' होगी तथापि मनोवैज्ञानिक गम्भीरता को दृष्टिगत करते हुए इसमें पूर्णत: प्रशिक्षित, संवेदनशील तथा व्यावसायिक संस्कारोपेत शिक्षक की तैनाती आवश्यक होगी। इन शिक्षकों को प्राथमिक विद्यालय के अन्य शिक्षकों की तरह पारिश्रमिक (वेतन तथा सुविधाएँ) और प्रोन्नति का अवसर प्रदान किया जाना समीचीन होगा। स्नातक स्तर पर मनोविज्ञान या समाजकार्य का विषय के रूप में अध्ययन करनेवाले अभ्यर्थी इसके लिए उपयुक्त होंगे। जो व्यक्ति डी.एल.एड. तथा बी.एड. या प्राथमिक शिक्षण के लिए निर्धारित किसी अन्य समस्तरीय प्रशिक्षण को प्राप्त करके शिक्षक बनते हैं, उन्हें बालमनोविज्ञान तथा शारीरिक स्वास्थ्य विषयक प्रशिक्षण प्रदान करके इस महनीय उद्देश्य हेतु तैयार किया जा सकता है।

सन्दर्भ ग्रंथ

1. Elizabeth B. Hurlock; *Developmental Psychology* (Fourth Edition) : TATA McGraw Hill Publishing Company Ltd. New Delhi.
2. डॉ. हरिदत्त शास्त्री एवं डॉ. कृष्ण कुमार (2000); *ऋक् सूक्त संग्रह* : साहित्य भंडार, सुभाष बाजार, मेरठ।
3. Arthur T. Jersild; *Child Psychology* (Fifth Edition) : Staples Press, London.
4. *Guidelines for Pre school Education* (2019) : NCERT, New Delhi.

पूर्व प्राथमिक शिक्षा तथा आधिगमिक दुर्बलता

भारतीय परिवेश में सुनियोजित शिक्षण-व्यवस्था के क्रम में पूर्व प्राथमिक शिक्षा के पश्चात् छह वर्ष की आयु में कक्षा एक में बच्चे का नामांकन किया जाना प्रावधानित है। सुधीजनों द्वारा इस बिन्दु पर मत स्थिर किया गया है कि पहली कक्षा की शिक्षा से पूर्व बच्चों को शिक्षा-ग्रहणार्थ तैयार किया जाए। इस हेतु उनमें शिक्षा के प्रति रुचि उत्पन्न की जाती है। यह तभी सम्भव है जब चित्रों तथा कहानियों के माध्यम से उन्हें उन्हीं की भाषा में पढ़ाया जाए। इससे बच्चों को रुचिपूर्ण वातावरण मिलता है जो उनके विद्यालयीय आकर्षण को बढ़ाता है। यह सिद्ध तथ्य है कि प्रत्येक बच्चे में योग्यता होती है; लेकिन पृथक्-पृथक् बच्चे की समझ-शक्ति तथा समझे हुए तथ्य को अभिव्यक्त करने की क्षमता भिन्न-भिन्न होती है। इनमें कुछ बच्चे अपेक्षा से न्यून आधिगमिक सामर्थ्य को दर्शाते हैं। सम्भव है इनमें कुछ परिवेशजन्य सामाजिक कारणों से विद्यालयीय शैक्षणिक प्रणाली में पिछड़ापन दिखाते हों तो कतिपय मानसिक मन्दता के फलस्वरूप साथियों की अपेक्षा कम समझ-शक्ति वाले सिद्ध होते हों। अनुभवाश्रित तथ्यों के आधार पर विद्यालयीय शैक्षिक व्यवस्था में आधिगमिक पिछड़ेपन के मुख्य कारणों को निम्नवत् परिगणित किया जा सकता है—

1. वंचना
2. शैक्षिक पृष्ठभूमि का अभाव
3. मनोदैहिक कारण
4. मनःसामाजिक कारण
5. मानसिक मन्दन

उपर्युक्त कारणों का पता लगाया जाना चाहिए; क्योंकि यदि मानसिक मन्द बच्चे को पहचानकर उसके साथ तद्वत् व्यवहार नहीं किया जाएगा तो यह भूल होगी। परिवेशजन्य कारणों से 'वंचना' के शिकार बच्चों को भी कक्षीय कार्य में पिछड़ा

होने के आधार पर 'मानसिक मन्द' मान लिया जाना उनके साथ घोर अन्याय कहा जाएगा। इसी प्रकार मन:सामाजिक समस्याओं से ग्रस्त उन बच्चों को, जिन्हें मानसिक समर्थन प्रदान करके तथा पर्यावरणीय परिशोधन करके उनकी अन्तर्निहित ऊर्जा को विस्फुटित कर उनकी परिलक्षित दुर्बलता को दूर किया जा सकता है, मानसिक मन्द माना जाना उनको अन्धकूप में गिरा देने जैसा होगा।

यह भी देखा जाता है कि वर्णित आयु के बच्चों की कार्य के प्रति लापरवाही, पठन-पाठन विषयक दुर्बलता तथा निर्देशों से सम्बन्धित अन्यमनस्कता को 'बचपना' मानते हुए इसे गम्भीरता से नहीं लिया जाता है। यह मान लेने की प्रवृत्ति पाई जाती है कि सब बाद में ठीक हो जाएगा; लेकिन विशेषज्ञों के मत में यह उचित नहीं है। प्राय: परवर्ती अवस्था में यह समस्या गम्भीर हो जाती है। अत: उचित होगा कि बच्चों की प्रतिक्रियाओं, समुपलब्धियों तथा आधिगमिक कठिनाइयों का गहनता से अवलोकन कर समस्या की प्रकृति तथा वास्तविक कारणों का पता लगाया जाए। यद्यपि यह कार्य मनश्चिकित्सक के द्वारा ही किया जाना चाहिए तथापि प्रशिक्षित शिक्षक भी बच्चों के व्यवहारों का निरन्तर अध्ययन कर, उनकी शैक्षिक तथा सांस्कृतिक पृष्ठभूमि और संकलित तथ्यों का विश्लेषण कर इस महान् कार्य को कर सकता है। शिक्षक को यह देखना होगा कि कौन बच्चा अपनी उम्र के अन्य बच्चों के सदृश व्यवहार नहीं कर पा रहा है। कौन है जो समूह के अन्य बच्चों की तरह न अपनी समस्या या विचार से शिक्षक को अवगत करा पा रहा है और न ही उसकी बातों और निर्देशों को समझ पा रहा है। कौन है जो अपेक्षित समय से बहुत अधिक समय के बाद शिक्षक की बातों को समझता है जिसके कारण अपने साथियों से पिछड़ जाता है। शिक्षण व्यवस्था से जुड़े व्यक्तियों को प्रत्येक बच्चे की समझ-शक्ति और बोधात्मक दुर्बलता का अध्ययन और विश्लेषण करना चाहिए। यही वह कार्य है जिससे उनकी क्षमता और अक्षमता से सम्बन्धित वास्तविक 'निदान' को सम्पन्न किया जा सकता है। यह कार्य जितनी अधिक सावधानी के साथ किया जाएगा 'निदान' उतना ही विश्वसनीय होगा। यहाँ यह उल्लेखनीय है कि बच्चों को सिखाई गई किसी क्रिया या पढ़ाए गए विषय के बोध-स्तर का मूल्यांकन ही इसमें समाहित नहीं है; प्रत्युत समग्र व्यवहार पर दृष्टिपात करना तथा उसका परीक्षण करना नितान्त आवश्यक है। उदाहरणार्थ निम्न बिन्दुओं को प्रस्तुत किया जा सकता है जिनका सूक्ष्मता के साथ शिक्षकों तथा अभिभावकों द्वारा अवलोकन किया जाना चाहिए—

1. निर्देशों के अनुपालन के प्रति बच्चों की उत्सुकता तथा सजगता।
2. निर्देशों को समझने का स्तर।
3. साथियों के साथ किया जानेवाला व्यवहार।
4. शिक्षक तथा सम्पर्क में आनेवाले अन्य लोगों के साथ किया जानेवाला व्यवहार एवं सामाजिक क्रिया-प्रतिक्रिया।

5. शारीरिक भावाभिव्यक्ति।
6. भावभंगिमा।
7. स्वास्थ्य के प्रति चेतना इत्यादि।

इन वर्णित तथ्यों के अध्ययनार्थ शिक्षक को गम्भीर होना पड़ता है। उसे अक्लान्त प्रतिबद्धता के भाव से सराबोर होकर बच्चों के व्यवहारों तथा निर्देशों के प्रति व्यक्त प्रतिक्रिया और भाषा शैली का विश्लेषण करना होता है। ऐसा करके ही वह उनके आधिगमिक पिछड़ेपन का विश्वसनीय निदान करने में सफल हो सकता है; क्योंकि 'निदान' अध्ययन पर ही आधृत होता है। निदान जितना ही यथार्थपूर्ण होगा उपचार उतना ही सरल और प्रभावी होगा। अध्ययन और निदान की परस्पराश्रितता निर्विवाद है। कहने का भाव यह है कि जितना ही तटस्थ, सुव्यवस्थित, समर्पित, व्यावसायिक तथा मनोयोगपूर्ण अवलोकन होता है 'अध्ययन' उतना ही निर्दुष्ट होता है जिससे उपचारार्थ अपनाई जानेवाली प्रक्रिया सरल तथा सटीक हो जाती है।

शिक्षक, बच्चे के साथ सबसे अधिक समय तक रहता है। अतः उसके लिए बच्चे की मानसिक स्थिति का मूल्यांकन करना सरल होता है। वह बच्चों से व्यवहार करते समय उनकी बातें सुनता है और उन्हें आत्मीयता के साथ निर्देश भी देता है। शिक्षक के लिए यह सरल है कि वह कक्षा में प्रतिभाशाली, औसत तथा मानसिक दुर्बलता दिखानेवाले बच्चों को चिन्हित कर सके। वह अपने निरन्तर कृत अध्ययनों के द्वारा 'विशिष्ट बच्चों' की पहचान करने में सरलतया सफल हो जाता है।

उल्लेखनीय है कि जो बच्चे मनोमन्दता के शिकार होते हैं, वे विविध कार्यकलापों एवं विचारों में तालमेल स्थापित नहीं कर पाते हैं। वे विचार के एकचक्रीय पथ का ही अनुसरण करते हैं। उदाहरण के लिए मानसिक मन्द बच्चों को किसी आटा-चक्की पर ले जाकर गेहूँ को पीसकर आटा बनाना दिखाया जाए तथा उसके विषय में बताया जाए पुनः आटा-चावल की दुकान पर ले जाकर आटा खरीदें तथा दुकानदार को उसका मूल्य (रुपये) देकर उनको यदि आटा तथा गेहूँ के बारे में बताया जाए तब भी बहुत से बच्चे यही बोध कर पाएँगे कि रुपया देने से आटा मिलता है। प्रस्तुत प्रसंग में उनके विचार के चक्रीय पथ के अनुसरण को इस प्रकार समझा जा सकता है कि बच्चे से जब यह पूछा जाएगा कि आटा कैसे प्राप्त होता है तब सम्भव है कि उसका उत्तर यह हो कि दुकान में मिलता है। दुकान में कहाँ से आता है तो इस बात की सम्भावना है कि उसका उत्तर यह हो कि रुपये देकर दूसरी दुकान से। तात्पर्य यह है कि उसका उत्तर दुकान और रुपये के इतस्ततः ही सीमित रहेगा। वह गेहूँ के खेत में पैदा होने तथा उसको पीसकर आटा बनाने के सम्बन्ध को स्थापित कर प्रस्तुत करने में असमर्थ होगा। कहने का भाव यह है कि ऐसे बच्चों के सन्दर्भ में इस तथ्य की सम्भावना अत्यन्त क्षीण होगी कि वे गेहूँ की पैदावार और उससे आटा बनाए जाने के तथ्य को अपने उत्तर में समाहित करेंगे।

समयसारणी से हटकर आकस्मिक रूप से जब बच्चों को किसी विषय को सिखाया जाता है तब मानसिक मन्दता से ग्रस्त बच्चे या तो अरुचि प्रदर्शित करते हैं या त्रुटिपूर्ण अवधारणात्मक स्थिति को दर्शाते हैं। शिक्षक को इस बिन्दु पर ध्यान देना चाहिए। उसे इस तथ्य का आकलन करना होगा कि कौन बच्चा इस विसंगति से ग्रस्त है तथा उसके सम्बन्ध में विवृत मनोग्रस्तता की मात्रात्मक स्थिति क्या है।

साथियों तथा शिक्षक के साथ उसका व्यवहार उसके समाजीकरण की क्षमता को प्रदर्शित करता है। यद्यपि इसका कारण मानसिक मन्दता हो भी सकती है और नहीं भी हो सकती है। यह सत्य है कि मानसिक मन्दता का शिकार बच्चा अधिगम के साथ ही समाज से अनुकूलन करने की क्षमता भी कम सीखता है; लेकिन यह भी उतना ही सत्य है कि एक सामान्य बालक भी यदि पारिवारिक तिरस्कार अथवा सौविध्य वंचना वाले परिवेश से सम्बन्धित होगा तो उसका व्यवहार भी आक्रामक होगा। उसमें नैराश्य तथा मनस्ताप के लक्षणों के परिलक्षित होने की सम्भावना बलवती होगी।

बच्चों की स्वच्छता के प्रति मनोवृत्ति तथा स्वयं को स्वस्थ और अच्छा रखने तथा अपने को सम्यक् प्रकार से प्रस्तुत करने की प्रवृत्ति भी उनकी मानसिक स्थिति को दर्शाती है। मानसिक मन्दन से ग्रस्त तथा पारिवारिक एवं सामाजिक परिवेशजन्य वंचना के भागी बच्चों का भी समाजीकरण सही प्रकार से नहीं हो पाता है। परिणामतः उनका भी आधिगमिक स्तर न्यून ही होता है। ध्यान देने योग्य है कि ये बच्चे कम बुद्धिलब्धि के नहीं होते हैं परन्तु समाज, जिनमें शिक्षक तथा अभिभावक भी सम्मिलित हैं; इन्हें मानसिक दृष्टि से दुर्बल समझने की भूल तथा तदनुसार व्यवहार करने की गलती करते हैं। शिक्षक को इस बिन्दु पर अवश्यमेव ध्यान देना चाहिए जिससे एक बुद्धिमान बालक अवसादग्रस्त होने से बच सके। इसी प्रकार बातचीत के समय आंगिक प्रक्षेपण या सामान्य स्थिति में भी स्वयं से बात करने या विविध शारीरिक भाव-भंगिमाओं को अभिव्यक्त करनेवाले बच्चों के सामान्य से इतर व्यवहारों तथा विचलन की अवस्थिति का भी अध्ययन तथा विश्लेषण किया जाना चाहिए; क्योंकि ये वर्णित लक्षण मनोविकार को इंगित करते हैं। बच्चा जब अपने सहपाठियों तथा अन्यों से व्यवहार करते समय चेहरे पर बल देता है, तब उसकी मानसिक दुर्बलता परिलक्षित होती है। उसका व्यवहार यदि आक्रामक है और साथ ही चेहरे का भाव स्वाभाविक है तब यह परिवेशजन्य कारणों से हो सकता है जिसके लिए पारिवारिक तथा सामुदायिक परिशोधन की प्रविधि लाभकारी हो सकती है।

पूर्व प्राथमिक कक्षा का बच्चा हो या कोई परिपक्व व्यक्ति, उसकी ज्ञानात्मक उपलब्धि को उसकी मानसिक शक्ति के अभिव्यंजक के रूप में देखा जाता है। यह स्थापित तथ्य है कि कम बौद्धिक क्षमता के व्यक्ति की समझ-शक्ति कम होती है। परिणामस्वरूप कक्षा-शिक्षण का प्रभाव उन पर अपेक्षा से कम परिलक्षित होता है। वे विषय को देर से समझते हैं। बढ़ती हुई कक्षा के साथ इस पिछड़ेपन में विस्तार होता जाता है। तात्पर्य यह है कि अन्य सहपाठियों की तुलना में उनका भाषण-सामर्थ्य

तथा विषयगत ज्ञान कम होता है। यह अन्तर अर्थात् आधिगमिक पिछड़ापन क्रमशः परवर्ती कक्षाओं में बढ़ता जाता है। शिक्षक को इन बच्चों की शैक्षिक सम्प्राप्ति को दृष्टिगत करते हुए उनकी मानसिक दुर्बलता का ज्ञान करना चाहिए, लेकिन उसे ऐसा करते समय यह ध्यान रखना चाहिए कि वह किस परिवेश से सम्बन्धित है। वह बंजारा समुदाय से सम्बन्ध रखता है या सुसंस्कृत नगरीय परिवेश में पल एवं बढ़ रहा है। वह सुसंगठित परिवार से सम्बन्धित है या विघटित परिवार से सम्बन्ध रखनेवाला, क्योंकि ये उल्लिखित कारक भी आधिगमिक क्षमता को प्रभावित करते हैं।

पठन-पाठन विषयक गृहकार्य के प्रति प्रतिबद्धता, उदासीनता, अपने विचारों से साथियों को अवगत कराने, शिक्षक से अपनी कठिनाइयों एवं उपलब्धियों को साझा करने की प्रवृत्ति और तौर-तरीके भी बच्चों की मानसिक क्षमता का अध्ययन करने तथा मनोविकृति विषयक 'निदान' करने में सहायक होते हैं।

निष्कर्ष यह है कि बच्चे का व्यवहार उसकी सीखने की बुभुक्षा तथा आधिगमिक स्तर का मूल्यांकन कर तदनुसार शिक्षण-पद्धति को अपनाना चाहिए। मानसिक मन्दतायुक्त बच्चा उपर्युक्त निकष पर दुर्बलता को द्योतित करेगा, परन्तु दौर्बल्य प्रदर्शित करनेवाला प्रत्येक स्थिति में मानसिक दृष्टि से मन्द बच्चा ही होगा, ऐसा मानना उचित नहीं होगा। ऐसा देखा गया है कि माता-पिता के प्यार से वंचित तथा अभावों में पल रहे बच्चों में भी प्रतिक्रियास्वरूप वर्णित दोष समुद्भूत हो जाते हैं। मनोवैज्ञानिक आर.आर. सीयर्स ने तो यहाँ तक माना है कि माता-पिता द्वारा अपनाई जानेवाली शिशुपालन विधि का बच्चे की निर्भरता और आक्रामकता पर पर्याप्त प्रभाव पड़ता है। बच्चों के व्यक्तित्व पर पोषण संस्कारों का प्रभाव रहता है। बालकों में व्यक्तित्व सम्बन्धी भिन्नता पोषण-विधियों की भिन्नताओं के कारण पाई जाती है। इसी प्रकार ए. बैण्डुरा नामक विचारक ने माना कि बालक, अनेक व्यवहार अपने परिवेशीय व्यक्तियों के व्यवहारों का अनुकरण करके सीखता है। आरम्भ में अनुकरणार्थ माता-पिता तथा कौटुम्बिक अन्य सदस्य 'आदर्श' का कार्य करते हैं। बाद में वह साथियों तथा अन्य व्यक्तियों का अनुकरण करता है। इस बिन्दु पर हमें सिगमण्ड फ्रायड के 'इडिपल अवस्था' की विशेषताओं को संज्ञान में लेना चाहिए। क्रमिक व्यक्तित्व विकास की यह वह अवस्था होती है जब बच्चा अपने माता-पिता के साथ तादात्म्य स्थापनार्थ तल्लीन रहता है। बालक अपने पिता तथा बालिका अपनी माता के सदृश बनने की इच्छुक होती है। परन्तु इस अवस्था का बालक या बालिका जब अवांछनीय व्यवहार करते हैं तो उन्हें दंड दिया जाता है। दंडात्मक व्यवहार उन्हें करणीय तथा अकरणीय ज्ञान से युक्त करते हैं। इसी क्रम में वह घर के बाहर के व्यक्तियों तथा खेल-समूह में रुचि लेने लगता है। एरिक होमबर्ग एरिक्सन द्वारा इडिपल अवस्था को 'विश्वास तथा अविश्वास' और 'स्वायत्तता बनाम शर्म' के पश्चात् तीसरी अवस्था का काल मानते हुए 'पहल बनाम

अपराध-बोध' की अवस्था के रूप में वर्णित किया गया है। उनका मानना है कि इस अवस्था के बच्चे अपने साथियों के साथ विविध गतिविधियों में भाग लेते हैं। कई अवसरों पर उन्हें स्वतंत्र निर्णय लेना पड़ता है। समर्थित तथा स्वीकृत निर्णय उनके आत्मविश्वास को बढ़ाते हैं जबकि निर्णय का अस्वीकरण तथा दूसरे के निर्णयों को मानने के लिए विवश किया जाना उनके आत्मबल को कमजोर करता है। अनुसरणकर्ता बनने की सीख उनके व्यक्तित्व में दृढ़ता नहीं आने देती है। नियंत्रण की अधिकता तथा स्वतंत्र रूप से कार्य करने की अनुमति न देने की अभिभावकों की प्रवृत्ति उन्हें दुखी कर सकती है जिसका विस्तार उनको लापरवाह बना सकता है। बच्चों को निर्णय न लेने के लिए कहने पर उनमें हीनभावना उत्पन्न होती है। इस अवस्था के बालकों को बहुत सी नवीन जानकारियाँ दी जाती हैं, जिन्हें वे आत्मसात् करते हैं। यदि बच्चों को सिखाई गई जानकारियों का सम्यक् ज्ञान हो जाता है तब उनका आत्मविश्वास बढ़ता है। यदि समझ-शक्ति की कमी या अन्य किसी कारण से वे पूछे जाने पर उनके विषय में उचित उत्तर नहीं दे पाते हैं तब उनमें दोषभावना घर करती है जो उनके व्यक्तित्व को कमजोर करती है। तात्पर्य यह है कि वर्णित परिस्थिति में सफलता तथा निर्णय लेने की स्वतंत्रता व्यक्तित्व को पुष्ट कर बल प्रदान करती है जबकि इसके विपरीत की स्थिति उसको दोषभाव से ग्रस्त कर वैयक्तिक विघटन की तरफ ले जाती है। अत: शिक्षकों का यह दायित्व हो जाता है कि वे सतर्कता के साथ इन बिन्दुओं को ध्यान में रखते हुए निदानात्मक कार्य को करें; क्योंकि शैक्षिक दुर्बलताएँ किसी एक ही कारण से नहीं उत्पन्न होती हैं, बल्कि अनेक सांवेगिक, मानसिक, सामाजिक तथा मनोदैहिक कारणों से आविर्भूत होती हैं। वस्तुत: सावधानी के साथ बच्चों की शारीरिक, मनोदैहिक तथा मन:सामाजिक परिस्थिति का ज्ञान प्राप्त करने के पश्चात् तदनुसार परिवेशीय सुधार करके उनकी सीखने की क्षमता को बढ़ाया जा सकता है। बच्चों को उनकी आवेगात्मक समस्याओं से मुक्ति प्रदान करने के लिए यथासमय ही प्रयत्न किया जाना चाहिए जिससे उनको मनोविदलन या दोषभावना से बचाया जा सके। शिक्षक तथा शैक्षिक व्यवस्था में सन्नद्ध व्यक्तियों द्वारा बच्चों की समस्या की प्रकृति—मनस्सामाजिक दुर्बलता, वंचना, विघटनकारी परिवेश आदि—का अवश्य ज्ञान कर लेना चाहिए जिससे उन्हें तदनुसार विशेषज्ञों की देखरेख में सन्दर्भित करके निदानानुसार उपचारात्मक सुविधा प्रदान की जा सके। इस प्रकार समस्या के कारणों को आरम्भ में ही समाप्त किया जा सकता है। अधिकांश बच्चों की समस्याएँ परिवार में होनेवाले कलह तथा विघटनकारी परिस्थितियों के फलस्वरूप हुआ करती हैं, इसलिए यह आवश्यक है कि बच्चों के अभिभावकों तथा अन्य कुटुम्बिजनों को भी स्पष्टीकरण, व्याख्या तथा अन्तर्दृष्टि विकास की प्रविधियों का प्रयोग कर इस प्रकार से अभिप्रेरित किया जाना चाहिए जिससे वे बच्चों की योग्यता में विश्वास कर सकें। जो बच्चे, वस्तुत:

मानसिक मन्द प्रतीत हों उन्हें पर्यावरणीय परिशोधन के साथ ही मानसिक चिकित्सा भी प्रदान की जानी चाहिए। शिक्षक को इस प्रकार की स्थिति में मनश्चिकित्सक के सहयोग तथा परामर्श से कार्य करना चाहिए।

अवधेय है कि मानसिक मन्दता का निर्धारण प्रत्येक स्थिति में बच्चों के परिवेश, परिवार, शैक्षिक पृष्ठभूमि, शारीरिक स्वास्थ्य तथा उनकी क्रिया-प्रतिक्रिया के सतत एवं व्यापक मूल्यांकन के पश्चात् ही किया जाना चाहिए। इस सम्बन्ध में राष्ट्रीय मानसिक विकलांग संस्थान, मनोविकास नगर, सिकन्दराबाद, तेलंगाना द्वारा प्रकाशित पुस्तक 'मानसिक मन्दन' में कुछ प्रश्नों की जाँच सूची तथा अनुसूची दी गई है जो वर्णित स्थिति में सदुपयोग में लाई जा सकती है। सुविधा के लिए उसे यहाँ प्रस्तुत किया जा रहा है।[1]

मानसिक मन्दता के ज्ञान हेतु जाँच अनुसूची

क्रम संख्या	मद	सामान्य आयु वर्ग	अवस्था में विलम्ब यदि निम्न माह तक अपेक्षित कार्य न कर सके
1.	अपना नाम बोलता है	2-3 वर्ष	चौथे वर्ष
2.	शौचादि पर नियंत्रण रख सकता है	3-4 वर्ष	चौथे वर्ष
3.	साधारण खतरों से बचता है	3-4 वर्ष	चौथे वर्ष
4.	अन्य कारण	हाँ	नहीं
5.	शारीरिक असमर्थता होती है	हाँ	नहीं

यदि किसी बच्चे में किसी मद का विलम्ब से होना पाया जाता है और यदि बच्चे को दौरे पड़ते हैं या शारीरिक असमर्थता है तो मानसिक रूप से मन्द होने का सन्देह हो सकता है।

ध्यान देने योग्य तथ्यों की सूची

निम्नलिखित बातों पर ध्यान दें—

1.	दूसरे बच्चों की तुलना में क्या बच्चे ने बैठना, खड़ा होना या चलना अपेक्षाकृत अत्यधिक देर से शुरू किया?	हाँ	नहीं
2.	क्या बच्चे को सुनने में कोई कठिनाई होती हुई दिखाई पड़ती है?	हाँ	नहीं
3.	क्या बच्चे को देखने में कठिनाई होती है?	हाँ	नहीं

1. राष्ट्रीय मानसिक विकलांग संस्थान, (1989) : मानसिक मन्दन, पृ. 34-35

4.	जब आप बच्चे को कुछ करने के लिए कहते हैं तो क्या उसे आपकी बात समझने में परेशानी होती है?	हाँ	नहीं
5.	क्या बच्चे के अंगों में कमजोरी/या ऐंठन है/ या अपनी बाजू को घुमाने-फिराने में कठिनाई होती है?	हाँ	नहीं
6.	क्या बच्चे को कभी-कभार दौरा पड़ता है? उग्र हो जाता है या अचेत हो जाता है?	हाँ	नहीं
7.	क्या बच्चे को अपनी आयु के अन्य बच्चों की तरह कुछ सीखने में कठिनाई आती है?	हाँ	नहीं
8.	क्या बच्चा कुछ भी बोलने में असमर्थ होता है? (शब्दों को स्वयं समझ नहीं सकता/स्पष्ट (सार्थक) शब्दों को बोल नहीं सकता)	हाँ	नहीं
9.	क्या बच्चे के बोलने का ढंग सामान्य बच्चों से किसी रूप में भिन्न है (अपने परिवार के सिवाय लोगों द्वारा कही गई बात को स्पष्ट समझ नहीं पाता है)?	हाँ	नहीं
10.	अपनी आयु के अन्य बच्चों की तुलना में, क्या बच्चा किसी भी तरह से पिछड़ा, उदासीन या मन्दबुद्धि दिखाई पड़ता है?	हाँ	नहीं

उपर्युक्त जाँच अनुसूची तथा प्रश्नात्मक निरीक्षण के माध्यम से बच्चों के सीखने की दुर्बलता के कारणों का ज्ञान सरलता से किया जा सकता है। जिन बच्चों को प्यार, स्वीकृति तथा मानसिक समर्थन की आवश्यकता होती है उन्हें प्रेम तथा प्रशंसा प्रदान कर उत्साहित किया जाना चाहिए। इसी प्रकार जिनकी बुद्धिलब्धि औसत से कम होती है उन पर निर्देशों का प्रभाव भी कम या नगण्य ही परिलक्षित होता है।

यद्यपि शिक्षक मानसिक मन्द बच्चों की स्थूल रूप से पहचान कर लेता है, तथापि मानसिक मन्दता के लक्षण दृष्टिगत होने पर विशेषज्ञ का परामर्श लिया जाना नितान्त आवश्यक होगा। विद्यालयों में बाल मनोविज्ञान का अध्येता या इटिनरेंट शिक्षक की तैनाती की स्थिति में वह बच्चों की भाषिक-अभिव्यक्ति, व्यावहारिक आक्रामकता तथा अनुकूलन की दुर्बलता आदि को दृष्टिगत करते हुए कतिपय परीक्षण कर सकता है या इनके परीक्षण में मनश्चिकित्सक की सहायता कर सकता है। तात्पर्य यह है कि वर्णित अवस्था में बच्चों के प्रेरक-व्यवहार, अनुकूलन की क्षमता, भाषा, वैयक्तिक एवं सामाजिक व्यवहारात्मक विचलन तथा कारणों के निदानात्मक अध्ययन को प्राथमिकता दी जाती है।

प्रसंगवश यहाँ पर व्यक्तित्वविकास विषयक कतिपय परीक्षणों का उल्लेख किया जाना समीचीन प्रतीत होता है। पूर्व प्राथमिक स्तर के बच्चों की अभिव्यक्ति

सम्बन्धी दुर्बलता तथा सामाजिक व्यवहार विषयक विचलन और क्षीण समझ-शक्ति से सम्बन्धित जाँच के लिए 'गेसिल विकासात्मक अनुसूची' उपयुक्त मानी जाती है। कुछ परीक्षण मौखिक भाषाज्ञान तथा अभिव्यक्ति को दृष्टि में रखते हुए किए जाते हैं, जिनमें चित्रकारी तथा मौखिक भाषा के प्रयोग की प्रविधि को अपनाया जाता है। भारतीय परिवेश में 'बिने-कामत परीक्षण' इसके लिए उपयुक्त माना जाता है। इसे तीन वर्ष से बाईस वर्ष की आयु तक के मानसिक रूप से मन्द व्यक्तियों को दृष्टिगत करके तैयार किया गया है। वाक् और श्रवणक्षमता कम होने पर 'गैर मौखिक' और 'निष्पादन परीक्षण' प्रयोग में लाए जाते हैं। सिंगुइन फार्म बोर्ड परीक्षण, गेसिल ड्राइंग परीक्षण, विकास पृथक्करण परीक्षण (Developmental Screening Test) तथा 'रेवेन का रंगीन प्रोग्रेसिव मैट्रिस' (RCPM) आदि महत्त्वपूर्ण परीक्षण-मापक हैं। व्यवहारात्मक अनुकूलनक्षमता के निर्धारण के लिए व्यापक रूप से प्रयुक्त की जानेवाली 'विनलैंड सामाजिक परिपक्वता मापनी' का किंचित् मात्रा में उपयोग किया जा सकता है। इसी प्रकार एकाग्रता आदि का परीक्षण भी मनश्चिकित्सक द्वारा किया जाता है। स्पष्ट है कि इस अवसर पर शिक्षक को त्रिस्तरीय भूमिका का निर्वहन करना पड़ता है। प्रथम बच्चों के स्तर पर, तदनन्तर मनश्चिकित्सक या बालमनोवैज्ञानिक के साथ तत्पश्चात् बच्चों के अभिभावकों तथा समुदाय के परामर्शक और अभिप्रेरक के रूप में वह बच्चों के आधिगमिक सामर्थ्य का ज्ञान करता है। पुनः वंचना के शिकार शैक्षिक परिवेश से रहित तथा मानसिकमन्द बच्चों का चिह्नीकरण करता है। फिर मानसिक मन्द बच्चों को मनश्चिकित्सक के परामर्शानुसार सामान्य विद्यालय में अध्ययनार्थ तथा विशिष्ट विद्यालयों में सन्दर्भीकरणार्थ निर्णय लेते हुए विभागीय निर्देशानुसार कार्य करता है।

वास्तव में पूर्व प्राथमिक स्तर पर अध्यापन करनेवाले शिक्षकों का कार्य अत्यन्त संवेदनशील तथा नितान्त महत्त्वपूर्ण होता है। अतः इस स्तर के विद्यालयों में बालमनोविज्ञान से परिचित प्रशिक्षित शिक्षकों की तैनाती की जानी चाहिए। तैनात शिक्षकों को समय-समय पर सुनियोजित तरीके से पुनर्बोधात्मक प्रशिक्षण भी अवश्य ही दिया जाना चाहिए।

सन्दर्भ ग्रंथ

1. मानसिक मन्दन (1989): राष्ट्रीय मानसिक विकलांग संस्थान, मनोविकास नगर, सिकन्दराबाद
2. Elizabeth B. Hurlock : *Developmental Psychology,* Fourth Edition : TATA Mc Graw- Hill, Publishing Company LTD, New Delhi.
3. Marion J. Erickson (1965) : *The Mentally Retarded Child in the Classroom* : The Macmillan Company, New York.

सेवारत प्रशिक्षण : आवश्यकता तथा उपादेयता

किसी कार्य विशेष को सम्पन्न करने के लिए कार्यकर्ताओं को नवीन विधियों तथा प्रविधियों एवं ज्ञान से इस प्रकार समन्वित करना जिससे वे कार्य-विशेष के निष्पादन में अपेक्षाकृत अधिक समर्थ हो जाएँ, प्रशिक्षण कहलाता है। यहाँ 'अपेक्षाकृत' शब्द के प्रयोग से तात्पर्य यह है कि जो सर्वथा नवीन कार्यकर्ता हैं उनके ज्ञान एवं कौशल में वृद्धि कर उन्हें कार्यसम्पादन के योग्य बनाना तथा जो पहले से कार्य करने की कला से अभिज्ञ हैं उनको कार्यसम्पादन की नवीनतम प्रविधियों से परिचित कराते हुए इस प्रकार से शिक्षित करना जिससे उनकी कार्यनिष्पादन की क्षमता तथा गुणवत्ता पहले की तुलना में बढ़ जाए। कहने का भाव यह है कि प्रशिक्षण एक ऐसा शिक्षण है जो कार्यकुशलता का संवर्धन करता है।

अवधेय है कि प्रशिक्षण की महत्ता को स्वीकार करते हुए भी कतिपय सुधीजन शिक्षा के क्षेत्र में इसकी उपादेयता पर प्रश्नचिह्न लगाते हैं। उनका तर्क है कि शिक्षक एक शिक्षित व्यक्ति ही होता है; इसलिए उसको पुनः शिक्षित करने का कार्य पूर्णतः औचित्यहीन है। प्राथमिक कक्षाओं को पढ़ाने वाले शिक्षक तो पहले से ही प्रशिक्षित होते हैं इसलिए उनको सेवारत प्रशिक्षण देना समय और अर्थ दोनों का व्यर्थीकरण करना होगा। इसके विपरीत प्रशिक्षण के पक्षधर विचारकों का अभिमत है कि शिक्षकों को निरन्तर बोधात्मक तथा पुनर्बोधात्मक प्रशिक्षणों से अद्यतन तथा उत्साहसमन्वित करके नवीन ऊर्जा से ऊर्जान्वित किया जाता है। प्रशिक्षण उनको अद्यावधिक के साथ ही अभ्यास का अवसर प्रदान करता है जो पठन-पाठन की दक्षता को संवर्धित करता है। यह स्थापित मान्यता है कि किसी भी कार्य को बार-बार करने से कर्ता में तत्कार्य निष्पादन का कौशल अनायास ही विकसित हो जाता है। शिक्षण-जगत् में यह आभाणक प्रसिद्ध है कि—

करत-करत अभ्यास ते जड़मति होत सुजान।
रसरी आवत जात ते सिल पर पड़त निशान॥

तात्पर्य यह है कि निरन्तर अभ्यास से जड़ बुद्धि भी सुजनता को प्राप्त कर लेता है अर्थात् ज्ञानवान हो जाता है। रस्सी के बार-बार आने-जाने से पत्थर पर निशान अर्थात् चिह्न अंकित हो जाता है। यहाँ पर दृढ़ विश्वास व्यक्त किया गया है कि बुद्धिलब्धि कम होने पर भी निरन्तर की आवृत्ति उसे अपेक्षित गुणों से युक्त कर सकती है। इस मत को काव्यप्रकाशकार मम्मट के कथन से पोषण प्राप्त होता है। उनका मत है कि शक्ति, निपुणता तथा अभ्यास ये तीनों ही सम्मिलित रूप से वे कारण हैं जिनसे सहृदयों को आह्लादित करनेवाले काव्य का स्फुरण होता है। वे लिखते हैं—

शक्तिर्निपुणता लोकशास्त्र काव्याद्यवेक्षणात्।
काव्यज्ञशिक्षयाभ्यास इति हेतुस्तदुद्भवे ॥[1]

यहाँ 'हेतुस्तदुद्भवे' घटकी भूत 'हेतुः' के प्रयोग पर विद्धज्जनों ने बल दिया है। उन्होंने व्याख्यायित करके स्पष्ट किया है कि ये तीनों मिलकर काव्य का हेतु बनते हैं। इनमें से एक पर्याप्त नहीं है। यदि ऐसा होता तो हेतुः नहीं हेतवः का प्रयोग होता। आचार्य बलदेव उपाध्याय जी लिखते हैं सुप्रसिद्ध कारिका में 'हेतु' शब्द का एकवचन में प्रयोग किया है, बहुवचन में नहीं (हेतुर्नतु हेतवः)।[2] स्पष्ट है कि रचना के लिए, विषय के सम्यक् प्रभावशाली प्रकटन के लिए जितना आवश्यक प्रतिभा तथा कौशल को माना है उतना ही आवश्यक अभ्यास को भी माना है। इस कारिका पर विश्वास करें तो न केवल यह लाभकारी है अपितु अनिवार्य है। दंडी, रुद्रट तथा अन्य काव्यशास्त्रियों ने भी ऐसा ही मत व्यक्त किया है। आचार्य रुद्रट का तो स्पष्ट अभिमत है "त्रितयमिदं व्याक्रियते शक्तिर्व्युपत्तिरभ्यासः"। इस प्रकार भारतीय प्राचीन विचारकों का यह डिंडिमघोष है कि 'अभ्यास' सर्जन के लिए आतिशयिक महत्त्व का है। आचार्य दंडी के शब्दों में "तदस्ततन्द्रैरनिशं सरस्वती श्रमादुपास्या खलु कीर्तिमीप्सुभिः"। तात्पर्य यह है कि यदि प्रतिभा नहीं भी हो तब भी अभ्यास के द्वारा ज्ञानार्जन किया जा सकता है। इसके साथ ही मनोवैज्ञानिकों के विचारों एवं तत्कृत शोधों और प्रतिपादित सिद्धान्तों पर दृष्टिपात करें तो वहाँ भी अभ्यास के महत्त्व को स्वीकारना परिलक्षित होता है। डॉ. इन्दुभूषण अपनी पुस्तक 'प्रारम्भिक मनोविज्ञान' में लिखते हैं कि थार्नडाइक के प्रयत्न और त्रुटि सिद्धान्त का तो यह अभ्यास मुख्य आधार ही है। उसने सीखने का एक नियम बनाया जिसे 'अभ्यास-नियम' कहते हैं। अभ्यास-नियम के अन्तर्गत दो उपनियम हैं—(क) उपयोग-नियम तथा (ख) अनुपयोग-नियम। उपयोग का नियम यह बताता

1. मम्मट; काव्यप्रकाश, 1/3
2. बलदेव उपाध्याय; संस्कृत आलोचना; हिन्दी समिति सूचना विभाग उत्तर प्रदेश, द्वितीय संस्करण 1963, पृ. 27

है कि जिस सम्बन्ध (बात) का बार-बार अभ्यास और उपयोग होता है, उसे हम शीघ्र सीख जाते हैं। इसके विपरीत अनुपयोग के नियम के अनुसार उस सम्बन्ध (बात) को हम नहीं सीख पाते जो उपयोग में नहीं आता। संक्षेप में इतना कहना पर्याप्त होगा कि अभ्यास सीखने को बहुत प्रभावित करता है।[1] सेवारत प्रशिक्षण में शिक्षक न केवल नवीन विधियों से परिचित होता है; बल्कि वह उनका अभ्यास भी करता है। कई शिक्षकों के साथ जब वह अन्त:क्रिया करते हुए नवाचारों और शिक्षण तकनीकों का कार्यान्वयन करता है तब उसे मानसिक समर्थन प्राप्त होता है जो उसके आत्मविश्वास को बढ़ाकर उसे कुशल से कुशलतर बनाता है। शैक्षिक संस्कार का पोषण और शिक्षा विभाग के प्रति 'हम' की भावना का संवर्धन तथा शैक्षणिक गुणवत्ता का अभिवर्धन करता है। इस दृष्टि से सेवारत शिक्षक-प्रशिक्षण, न केवल उपादेय प्रत्युत अत्यन्त आवश्यक सिद्ध होता है। शिक्षण और प्रशिक्षण को पुनः-पुनः करते समय अर्थात् सीखने और सिखाने की क्रिया अनेकशः करते समय प्रशिक्षु हठात् ध्यान देता है कि प्रशिक्षक किस बिन्दु पर बल देता है तथा किस पर नहीं। इस प्रकार वह किस जगह ध्यानाकर्षण की आवश्यकता है और किस जगह नहीं है का निर्णय लेने में सहज ही निष्णात हो जाता है। सुधीजनों तथा अनुसन्धाताओं को इस दृष्टिकोण से इस बिन्दु पर विचार करना चाहिए।

यह सत्य है कि वर्तमान समय में वैश्विक समाज तथा उसके शोध को इंटरनेट पर संचार-माध्यमों के द्वारा उपलब्ध कराने की व्यवस्था है जो निरन्तर अद्यतन भी होता रहता है, तथापि आमने-सामने के महत्त्व को अस्वीकारना सर्वथा अनुचित कहलाएगा; क्योंकि किसी भी कार्य के सम्पादन या लक्ष्य की प्राप्ति के लिए उत्साह एवं जिज्ञासा की आवश्यकता होती है। प्रतिबद्धता की पराकाष्ठा स्तरोन्नयन को सम्पन्न करती है। समाजशास्त्रियों का तो यह दृढ़ मत है कि सकारात्मक पारस्परिक सम्पर्क अन्त:क्रिया का जनक होता है। यह अन्त:क्रिया जितनी ही अधिक होगी, पारस्परिक समझ उतनी ही बढ़ेगी जो संचार-माध्यम के उपकरणों से सम्भवत: उतनी सम्भव नहीं होगी। प्रत्यक्ष अन्त:क्रिया में व्यक्ति एक-दूसरे के हाव-भाव तथा अभिकथन और किस बिन्दु पर सामनेवाला कितना बल देता है इससे सहज ही परिचित होते हैं जिसका स्थान अन्य कोई विधा कथमपि नहीं ले सकती है। इस प्रक्रिया में उनके मध्य होनेवाली अन्योन्य क्रिया एक-दूसरे से प्राप्त ज्ञान एवं शिक्षणविधियों से उन्हें सराबोर कर देती है। यह सब सहज नैसर्गिक रूप से होता है जिसका कोई सानी नहीं है। यह सब वैसे ही सम्भव होता है जैसे नाटक के पात्रों से सहृदय आत्मिक सम्बन्ध स्थापित करके यह भूल जाता है कि यह नाटक है तथा यथास्थान और यथासमय रोने तथा हँसने की क्रियाएँ करता है। हो सकता है कि इसी सोच को

1. डॉ. इन्दुभूषण (1976) : प्रारम्भिक मनोविज्ञान, भारती भवन (पब्लिशर्स एंड डिस्ट्रीब्यूटर्स) पटना।

आधृत कर प्रसिद्ध सामाजिक चिन्तक **चार्ल्स कूले** ने दृढ़ता से यह प्रतिष्ठापित किया कि दूसरों का व्यवहार, कथन तथा हावभाव आदि वह दर्पण होता है जिसमें व्यक्ति को अपना स्वरूप या अपनी आकृति स्पष्ट दिखाई देती है। उसी के आधार पर वर्णित व्यक्ति अपने सम्बन्ध में कोई धारणा बनाता है। लगभग इसी प्रकार की सोच अभिव्यक्त होती है समाजशास्त्री लिओनार्ड ब्रूम तथा फिलिप सेल्जनिक के कथनों से। उनका मानना है कि किसी व्यक्ति के लिए एक समूह की पहुँच जितनी अधिक अनन्य रूप में होगी उसका प्रभाव उतना ही अधिक प्रभावी होगा।[1]

विचारकों के द्वारा पारस्परिक प्रत्यक्ष अन्त:क्रिया के अमिट प्रभाव को निर्विवाद रूप से मान्यता दी गई है जो प्रशिक्षण की प्रासंगिकता और महत्ता को परिपुष्ट करती है। यह भी ध्यातव्य है कि विद्यालयीय जीवन, विशेषकर प्राथमिक शिक्षणकाल में छात्र उस तथ्य का ही अधिगम नहीं करते हैं जो उन्हें बताया जाता है, वही नहीं सीखते हैं जो उन्हें सिखाया जाता है; बल्कि शिक्षक के समस्त आचरण में वे अनायास ही गोता लगाते रहते हैं। शिक्षक उनके लिए आदर्श होता है। यह स्थिति शिक्षक को एक उच्चतर आदर्श प्रस्तुत करने के लिए बाध्य करती है। उसका आचरण जितना ही सुसंस्कृत होगा उसका शिष्य उतना ही अधिक आचरणनिष्ठ होगा; क्योंकि संस्कार बलवान होते हैं। प्रशिक्षण की अवधि में इन विषयों पर भी शिक्षकों में चर्चा होती है। वे एक-दूसरे के सद्व्यहारों की प्रशंसा तथा अनपेक्षित आचरणों की निन्दा करते हैं। चारित्रिक मूल्यांकन की यह पारस्परिक वार्ता सम्बन्धित के साथ-साथ सम्पूर्ण प्रशिक्षुओं को उच्चादर्श प्रस्तुत करने के लिए अभिप्रेरित करती है। वे प्रशंसनीय आचरणों को स्वीकारते हैं तथा एक-दूसरे द्वारा निन्दित व्यवहारों तथा क्रियाओं का यथाशक्य त्याग करते हैं जिससे उनकी शिक्षणशैली और व्यक्तित्व का परिमार्जन होता है। यह समझ तथा व्यक्तित्व का निखार किसी पुस्तक या इंटरनेट पर उपलब्ध शिक्षाओं से प्राप्त होने की सम्भावना न्यूनातिन्यून ही होगी; क्योंकि पारस्परिक अन्त:क्रिया और आमने-सामने का सम्बन्ध तीव्र तथा अमिट प्रभाव डालते हैं।

पुनर्बोधात्मक तथा अन्य समसामयिक प्रशिक्षण की अनिवार्यता स्थानीय शिक्षण विषयक समाधान की दृष्टि से भी अत्यन्त महत्त्वपूर्ण होती है। आधुनिक सामाजिक चिन्तकों का यह मानना है कि स्थानीय समस्याएँ तथा सोच, स्थानीय समाधान की अपेक्षा करती हैं। बुन्देलखंड के छात्रों को बेतवा नदी के बारे में तथा उसके किनारे के शहरों के बारे में बताया जाएगा तो वे कृष्णा नदी की अपेक्षा सरलतया समझेंगे तथा उसमें रुचि भी प्रदर्शित करेंगे। इलाहाबाद तथा वाराणसी के छात्रों के सन्दर्भ

---

1. "The more exclusive the access of a group to the individual, the more effective its influence is likely to be."
—Broom Leonard and Selznick Philip; Sociology, (Third edition) Harper and Row Publishers, U.S.A.

में यही बात गंगा नदी के शिक्षण पर चरितार्थ होगी। इसी प्रकार बाजार, मेला, फसल, खाद्यान्न, वनस्पति, जलवायु आदि के शिक्षणार्थ भी परिवेशीय विषयवस्तु का उदाहरण विद्यार्थियों में ज्ञानात्मक रुचि का पोषण करेगा। यहाँ यह सहज जिज्ञासा उत्पन्न हो सकती है कि वैश्विक गाँव की परिकल्पना के मध्य स्थानीय शिक्षण की बात क्यों? इसका उत्तर यह है कि प्राथमिक स्तर के बच्चों में शिक्षा के प्रति ललक पैदा करना उनको तथ्यात्मक ज्ञान देने से अधिक महत्त्वपूर्ण होता है। बच्चा जब स्थानीय सहज ज्ञान से युक्त होने के कारण शिक्षक द्वारा बताए गए तथ्यों को सरलता से समझ लेगा तथा कक्षा में पूछे गए प्रश्नों का उत्तर बिना किसी कठिनाई के देगा तब वह शिक्षक द्वारा प्रशंसित होगा। यह प्रशंसा उसके आत्मविश्वास को बल प्रदान करेगी। यह मानसिक संबल उसके व्यक्तित्व को परिपुष्ट करते हुए पठन-पाठन के प्रति उसकी रुचि और ललक को त्वरण प्रदान करेगा। वस्तुतः प्राथमिक शिक्षाव्यवस्था के लिए यही अभीष्ट भी है कि बालक में शिक्षा विषयक अरुचि लेशमात्र भी नहीं हो तथा रुचि की इयत्ता हो। यह अभिरुचि उसको पठन-पाठन में आनन्द देगी और वह बड़े मनोयोग से इस कार्य में सन्नद्ध हो जाएगा जो सम्पूर्ण शैक्षणिक व्यवस्था का साध्य है। इस स्तर पर शिक्षक, शिष्य तथा इस समाज का अभीप्सित लक्ष्य भी यही है।

दैनिक जीवन की वस्तुएँ जब पाठ्यक्रम में सम्मिलित होंगी तथा रुचिपूर्ण शैली में उनका ज्ञान कराया जाएगा तब सहज ही छात्रों के अवबोध का स्तर बढ़ेगा। इसके फलस्वरूप शिक्षकों में भी नवीन ऊर्जा का संचार होगा जो उनकी कार्यक्षमता को बढ़ाएगा। तात्पर्य यह है कि छात्रों की अवाप्ति का बढ़ने वाला स्तर शिक्षक और शिष्य—दोनों के आत्मविश्वास में वृद्धि करेगा जिससे शैक्षिक सम्प्राप्ति में सतत तथा सुनिश्चित रूप से मात्रात्मक वृद्धि और गुणात्मक सुधार परिलक्षित होगा।

उल्लेखनीय है कि सम्प्रति उन छात्रों पर भी बल दिया जा रहा है जो पढ़ने के प्रति कम रुचि दिखाते हैं या विद्यालय में आना कम पसन्द करते हैं। ऐसे छात्रों के लिए उपचारात्मक शिक्षण की आवश्यकता होती है। इस प्रकार के शिक्षण के लिए चिह्नित छात्रों में से कुछ ऐसे होते हैं जो अपने अन्य साथियों की अपेक्षा तथ्यों को देर से समझते हैं और कुछ ऐसे जो समझ तो शीघ्र लेते हैं; लेकिन विद्यालय में समय कम देते हैं। दोनों ही स्थितियाँ भयावह हैं; क्योंकि जो देर से समझते हैं वे हीनभावना से ग्रस्त होकर विद्यालय आना कम कर देते हैं तथा जो विद्यालय में कम आते हैं, वे धीरे-धीरे अपने साथियों से पिछड़ने की स्थिति में हीनभावना का बलात् जनन कर लेते हैं। परिणामस्वरूप विद्यालय से छात्र पलायन की प्रवृत्ति के बीज का प्रस्फुटन, पल्लवन, पोषण और वर्धन होने लगता है। इस प्रकार नामांकन के सापेक्ष ठहराव कम से कमतर होने लगता है। वर्णित परिस्थिति में प्रत्युत्पन्नमति तथा देर से समझने वाले—दोनों प्रकार के छात्रों—का कक्षा से पलायन का कारण

हीनभावना ही है, तथापि इनका वास्तविक निदान पृथक्-पृथक् है। प्रथम स्थिति के छात्र अर्थात् जो किंचित् कठिनाई से विषयवस्तु को समझते हैं उन्हें मानसिक समर्थन की आवश्यकता है। शिक्षकों को चाहिए कि ऐसे छात्रों के द्वारा दिए गए उचित उत्तर तथा कार्य की प्रशंसा करें तथा उनकी कठिनाइयों का सार्वभौमीकरण कर उन्हें बताएँ कि ऐसा अन्यों के साथ भी होता है। स्थानीय स्तर के सफल लोगों के विषय में जानकारी दें कि आरम्भिक कक्षाओं में कैसे वे भी पढ़ने में कमजोर माने जाते थे; लेकिन निरन्तर प्रयास से बहुत आगे बढ़ गए। उपलब्ध स्थानीय उदाहरणों का प्रस्तुतीकरण और भी अधिक लाभकारी सिद्ध होगा। इस प्रकार विवृत श्रेणी के बच्चों की हीनभावना को दूर कर उनके शैक्षिक सम्प्राप्ति-स्तर को बढ़ाया जा सकता है। दूसरी स्थिति अर्थात् वे छात्र जो मेधावी होते हुए भी आत्मघाती आचरणों से हीनभावना का शिकार होकर विद्यालय छोड़ते हैं उनको मानसिक समर्थन से अधिक 'स्पष्टीकरण' की प्रविधि का प्रयोग करके समझाना समीचीन होगा। उनको बताना होगा कि कैसे कछुआ जीतता है और खरगोश हारता है। उनके समक्ष ऐसे स्थानीय उदाहरण रखने होंगे जिनसे यह स्पष्ट हो सके कि कैसे निरन्तर लगा रहने वाला व्यक्ति उच्च लक्ष्यों को प्राप्त करके सम्माननीय पद पर प्रतिष्ठित हो जाता है तथा निरन्तरता के अभाव में प्रतिभाशाली पिछड़ जाता है। दोनों ही स्थितियों की उपलब्धियों और अनुपलब्धियों का तुलनात्मक प्रस्तुतीकरण मेधावी छात्र को लगनशील बनाएगा जो उसके विद्यालयीय ठहराव में वृद्धि करेगा।

ज्ञातव्य है कि आज भी कुछ छात्र ऐसे परिवेश से आते हैं जहाँ माता-पिता या अभिभावक घरेलू कार्यों को बच्चों की शिक्षा की अपेक्षा अधिक महत्त्वपूर्ण मानते हैं। पूर्वी उत्तर प्रदेश में एक कहावत प्रचलित है 'पढ़ले लिखले होई अकाज, हर जोत घरे आई अनाज' अर्थात् पढ़ना-लिखना अकार्य है; हल जोतने से घर में अन्न आएगा। इस प्रकार की मानसिकता आज भी जीवन्त है जिसे वे लोग ही निर्मूल कह सकते हैं जिनकी जड़ें गाँवों में नहीं हैं। अभिकथित परिस्थिति में रह रहे बच्चों के अभिभावकों को तर्कसंगत ढंग से समझाकर उन्हें अपने संरक्षकत्व में रह रहे बच्चों की पढ़ाई तथा विद्यालय में भेजने के लिए चैतन्य करने हेतु अभिप्रेरित करना लाभकारी होगा। यह कार्य तभी होगा जब शिक्षक पढ़ाने की नवीन विधियों एवं प्रविधियों के साथ ही बच्चों की मन:स्थिति को समझने तथा तदनुसार शिक्षण में बाधक तथ्यों का सम्यक् निदान करने की कला से अभिज्ञ हों। वे निदानानुसार समाधान करने में दक्ष हों। एतदर्थ भी समय-समय पर शिक्षक-प्रशिक्षण न केवल उपयोगी; बल्कि सर्वथा अनिवार्य सिद्ध होता है। अब प्रश्न उठता है कि इन प्रशिक्षणों को कैसे दिया जाए? इसका उत्तर है कि आवश्यकतानुसार समयबद्ध सम्पन्न की जानेवाली विचारगोष्ठियों (Symposium) व्यवस्थित तरीके से संगठित किए जानेवाले सम्मेलनों (Conferences), क्रियात्मक शोधसम्भूत तथा अनिवार्य अनुभूत बृहत्तर

परिसंवादात्मक अध्ययन-गोष्ठियों (Seminars) और कार्यशालाओं (Workshops) का आयोजन करके शिक्षक प्रशिक्षण का कार्य सम्पन्न किया जा सकता है।

सन्दर्भ ग्रंथ

1. मम्मट : *काव्यप्रकाश* (नवीन संस्करण 2001): डॉ. श्रीनिवास शास्त्री द्वारा सम्पादित साहित्य भंडार, सुभाष बाजार, मेरठ।
2. बलदेव उपाध्याय (1963) : *संस्कृत आलोचना* (द्वितीय संस्करण) : हिन्दी समिति, सूचना विभाग, उ.प्र.।
3. डॉ. इन्दुभूषण (1976): *प्रारम्भिक मनोविज्ञान : भारती भवन* (पब्लिशर्स एंड डिस्ट्रीब्यूटर्स), पटना
4. Broom Leonard and Selznick Philip; Sociology (Third Edition) Harper and Row Publishers, U.S.A.

शोध तथा विद्यालयीय शिक्षा

शोध नवीन ज्ञान के लिए किया जानेवाला महत्त्वपूर्ण कार्य है। यह कार्य किसी नवीन तथ्य के अन्वेषण, सिद्धान्तों के प्रतिष्ठापन, सारल्येन कार्य-निष्पादनार्थ तकनीकों के अनुसन्धान, उपादेय तथ्यों के उपस्थापन, विधियों-प्रविधियों के प्रणयन और परिमार्जन के लिए किया जाता है। इस कार्य को अत्यन्त व्यवस्थित तरीके से सम्पन्न किया जाता है। इसमें भी भौतिक-शोधों की अपेक्षा सामाजिक-शोधों के निष्कर्षाधृत सिद्धान्त कम व्यापक होते हैं। इसका मुख्य कारण होता है देश, काल, परिस्थिति तथा सांस्कृतिक भिन्नता की अतिशयता। इस अवधारणा को महत्ता प्रदान करते हुए सामाजिक सर्वेक्षण, प्रश्नावली तथा साक्षात्कार-अनुसूची को प्रयोग में लाते हुए व्यवस्थित तरीके से तथ्य संकलन करते हुए आनुसन्धानिक कार्य सम्पन्न किया जाता है। यह एक वैज्ञानिक विधि से सम्पन्न किया जानेवाला कार्य है जिसके विषय में विलियम जे. गुडे तथा पाल के हाट ने लिखा है कि वास्तव में विज्ञान का तात्पर्य व्यवस्थित ज्ञान के संचयन से है।[1] वस्तुतः शोध मान्य धारणाओं के पुनः परीक्षण तथा नितान्त नवीन सत्य-सिद्धान्तों के आविष्करण का कार्य है।

उद्देश्य और प्रकृति की दृष्टि से शोध के विविध प्रकार परिलक्षित होते हैं; लेकिन सुधीजनों द्वारा स्थूल रूप से इसे तीन भागों में विभक्त किया गया है—अन्वेषणात्मक, वर्णनात्मक तथा प्रयोगात्मक। कई बार एक ही समस्या के समाधान के लिए विविध विधाओं के विशेषज्ञ अपनी-अपनी तरह से अध्ययन करके अपना पृथक्-पृथक् समाधान प्रस्तुत करते हैं। उदाहरणार्थ किसी तनावग्रस्त व्यक्ति का अध्ययन कर निदान और समाधान प्रस्तुत करना हो तो एक शारीरिक रोग का विशेषज्ञ

---

1. Science is popularly defined as an accumulation of systematic knowledge.
   —WILLIAM J. GOODE and PAUL K. HATT (1952) : Methods in Social Research: McGraw Hill Book Company Limted. p. 7

चिकित्सक उसका दैहिक परीक्षण कर समाधान करेगा। मनश्चिकित्सक मानसिक तथा स्नायविक विकृतियों के आलोक में अपने नियमों के अनुसार अध्ययन कर समाधान देगा। समाजकार्य तथा समाजशास्त्र का अध्येता कौटुम्बिक तथा सामाजिक पृष्ठभूमि, सामाजिक मान एवं अपमान की स्थिति को केन्द्रीकृत करके निदान तथा उपचार को करेगा। यहाँ प्रत्येक विधा का महत्त्व है। किसी भी विषय के अनुशासन को दृष्टि में रखकर किया गया कार्य निम्नकोटि का नहीं कहा जा सकता है। इसे दृष्टिगत करते हुए विविध विषयों के विशेषज्ञों के परामर्शों को स्वीकारने की प्रवृत्ति बलवती हो रही है। इसे आधृत कर, सम्प्रति समस्या समाधानार्थ शोध की निम्न प्रवृत्तियाँ व्यवहृत हो रही हैं—

(1) वैषयिक उपागम (Disciplinary Approach)
(2) बहुवैषयिक उपागम (Multidisciplinary Approach)
(3) अन्तर्वैषयिक या अन्तरनुशासनिक उपागम (Interdisciplinary Approach)
(4) परा-वैषयिक उपागम (Transdisciplinary Approach)
(5) पार-वैषयिक उपागम (Crossdisciplinary Approach)

किसी विषय के जानकार अनुसन्धाता द्वारा अपनी निर्धारित सीमाओं में रहते हुए व्यवस्थित तरीके से सम्पन्न किया जानेवाला शोध वैषयिक या इंट्रा-डिसिप्लिनरी कहा जाता है जैसे किसी शारीरिक रोग के उपचारार्थ चिकित्साशास्त्र के विशेषज्ञ द्वारा कृत अनुसन्धान कार्य। जब यही कार्य विविध विषय के विशेषज्ञों द्वारा किया जाता है तब यह बहुविषयक या मल्टीडिसिप्लिनरी कहा जाता है। सभी अपनी पद्धति के अनुसार अपना-अपना परामर्श देते हैं और इन सबसे लाभान्वित हुआ जाता है। एक तरह से यह पृथक्-पृथक् विधा में निष्णात विद्वानों द्वारा दिए गए निष्कर्षों को एकत्र कर उनसे लाभान्वित होने की पद्धति है। अन्तर्वैषयिक या इंटरडिसिप्लिनरी में भी विविध विषय के मर्मज्ञों के शोधों की बात की जाती है; लेकिन यह केवल भिन्न-भिन्न वैषयिक अनुसन्धानों का योगीकरण नहीं होता है; बल्कि वे पारस्परिक अन्त:क्रिया के माध्यम से एक-दूसरे को प्रभावित करते तथा होते हुए निष्कर्ष पर पहुँचते हैं। तात्पर्य यह है कि जहाँ बहुवैषयिक शोध विविध विधा के विशेषज्ञों के निष्कर्षों के समवाय को व्यक्त करता है, वहीं अन्तर्वैषयिक अनुसन्धान भिन्न-भिन्न क्षेत्रों के विशेषज्ञों द्वारा अन्त:क्रिया के माध्यम से कृत गवेषणा को अभिव्यक्त करता है। परावैषयिक प्रक्रिया में लक्ष्य का महत्त्व होता है। इसमें भिन्न-भिन्न क्षेत्रों के पारंगत विद्वान अपनी वैषयिक विधा के साथ तथा उससे परे जाकर समग्र दृष्टि को अपनाते हुए सर्वथा नवीन विधि से निष्कर्ष पर पहुँचते हैं। इस प्रकार वैषयिक अध्ययन प्रक्रिया अपनी सीमाओं में स्ववैषयिक उपागम को संकेतित करती है वहीं बहुवैषयिक अध्ययन शैली बहुनिष्कर्षों के संयोजन पर बल देती है। परानुशासनिक

या परावैषयिक शोध-पद्धति समग्र दृष्टि के साथ विविध विषयों के मर्मज्ञों के द्वारा कृत संश्लेषणात्मक अन्वेषण को अभिवर्णित करती है। इसी प्रकार पार-अनुशासनिक उपागम (क्रॉस डिसिप्लनरी) में तथ्यान्वेषी अपनी स्वीकृत पद्धति और अन्वेषी प्रक्रिया को अन्य पद्धति के परिप्रेक्ष्य में देखता तथा समीक्षित करता है।

शोध कार्य समय-साध्य होता है। अतः जब तात्कालिक समाधान की आवश्यकता होती है तो क्रियात्मक शोध-पद्धति का अनुसरण किया जाता है। इस कार्य में सन्नद्ध व्यक्तियों द्वारा अनुभूत समस्याओं का समाधान स्थानीय स्तर पर ही विधिपूर्वक सम्पन्न किया जाता है। जब क्षेत्रीय भाषा एवं परिवेश को आरम्भिक शिक्षा के लिए अनिवार्य तथा उपादेय माना जा रहा है तब स्थानीय शिक्षकों की महत्ता भी बढ़ जाती है। यह मान्य धारणा है कि क्षेत्र विशेष के विशेषज्ञों द्वारा समस्या का अन्वेषित समाधान दूरस्थ मर्मज्ञों के अनुसन्धानों द्वारा मंडित परामर्शों एवं प्रविधियों की अपेक्षा अधिक उपयोगी होता है। यही कारण है कि 'क्रियात्मक अनुसन्धान' को विद्वत्समुदाय में स्वीकृति प्राप्त है। इसके द्वारा समस्या का साम्मुख्य कर रहा व्यक्ति या समूह अथवा समुदाय अपनी सद्यःप्राप्त समस्याओं का तत्क्षण निराकरण करने के लिए दी हुई परिस्थितियों में अपने स्तर से अध्ययन कर उपचारात्मक निष्कर्ष पर पहुँचता है। इसमें वैज्ञानिक विश्लेषण तथा क्रमबद्ध अध्ययन का प्राधान्य होते हुए भी स्थानीयता तथा तात्कालिकता का समावेश रहता है। इसका उपयोग सद्यः समाधान के साथ ही आत्ममूल्यांकन तथा तदनुसार अपेक्षित आत्मशोधन के लिए भी किया जाता है। इस सम्बन्ध में स्टीफेन एम. कोरी नामक विचारक का मत है कि वह प्रक्रिया जिसके अन्तर्गत कार्यकर्ता अपनी समस्याओं का वैज्ञानिक अध्ययन इस उद्देश्य से करते हैं कि उनके निर्णयों तथा कार्यों को उचित दिशा प्राप्त हो सके, उन्हें सुधारा जा सके और मूल्यांकन सम्भव हो।[1] यद्यपि यह कार्य त्वरित गति से किया जाता है; तथापि वैज्ञानिकता तथा वस्तुनिष्ठता को दृष्ट्यन्तर नहीं किया जाता है। विद्यालयीय कक्षा-शिक्षण की दृष्टि से यह अत्यन्त महत्त्वपूर्ण कार्य है।

शिक्षा प्रत्येक व्यक्ति के जीवन की अनिवार्य क्रिया है; क्योंकि प्रत्येक क्षण व्यक्ति अनुभव करता है और जीवन की गतिविधियों को स्वयं या किसी के द्वारा बोध कराए जाने पर जानकारी प्राप्त करता है। समाज द्वारा इसी क्रिया को अतिशय महत्त्व का मानते हुए व्यवस्थित तरीके से विविध विषयों एवं परिस्थितियों का ज्ञान कराने के कार्य को शिक्षण कहा जाता है। इस शैक्षिक कार्य के लिए विषयवस्तु का निर्धारण तथा उपयुक्त ज्ञानवान शिक्षकों की आवश्यकता होती है। पाठ्यक्रम का निर्धारण ज्ञानेप्सु की आयु, परिवेश तथा सामाजिक आवश्यकता को दृष्टिगत

---

1. Stephen M. Carey (1953) : Action Research to improve school practices, New York : Bureau of publications, teachers college, Columbia University.

करते हुए किया जाता है। बच्चों का मन खेलने में अधिक तथा अन्य गणितीय या भाषायी व्याकरण आदि के ज्ञानार्जन में कम लगता है; इसलिए उनमें शैक्षिक ईहा उत्पन्न करनेवाली शिक्षण शैली में प्राप्त शिक्षकों की महती आवश्यकता होती है। इसी अवसर पर 'शैक्षिक शोध' की आवश्यकता अनुभूत की जाती है। 'शोध' नितान्त निरपेक्ष रूप से किया जाता है। विद्यमान सिद्धान्तों एवं विधियों-प्रविधियों को आवश्यकतानुसार स्वीकारते हुए अपेक्षित नवीन आविष्कृत निष्कर्षों के आधार पर उन्हें संशोधित, परिमार्जित तथा परिवर्धित कर नूतन सिद्धान्तों का प्रणयन किया जाता है। परम्परागत प्रचलित नियम तथा नवीन अन्वेषण, दोनों को महत्त्व देते हुए तदितर सुस्पष्ट परीक्षित सिद्धान्तों का मंडन उपयुक्त माना जाता है। परम्परापोषित स्थापित नियम समय के अनुसार अनुपयुक्त ही हो जाएँ, ऐसा मंतव्य उचित नहीं होता है। साथ ही नवमंडित सिद्धान्त को केवल नवत्व के कारण सर्वथा उपयुक्त तथा कालजयी मानना भी अवैज्ञानिक ही कहा जाता है। इस सम्बन्ध में कालिदास का निम्नांकित उद्घोष उद्धरणीय है—

पुराणमित्येव न साधु सर्वं न चापि काव्यं नवमित्यवद्यम्।
सन्तः परीक्ष्यान्यतरद्भजन्ते मूढः परप्रत्ययनेयबुद्धिः॥

—मालविकाग्निमित्रम् 1/2

अर्थात् पुराना होने से ही न तो सब अच्छे हो जाते हैं, न नया होने से सब बुरे होते हैं। समझदार लोग तो दोनों को परखकर उनमें से जो अच्छा होता है उसे अपना लेते हैं और जिनमें अपनी समझ होती ही नहीं है, उन्हें तो जैसा दूसरे समझा देते हैं उसे ही वे ठीक मान बैठते हैं।[1]

स्पष्टतः कालिदास विरचित मालविकाग्निमित्र का सूत्रधार परीक्षण कर स्वीकृति देने को ही चातुर्य तथा केवल दूसरों के कहने के आधार पर कृत प्रतीति को मूर्खत्व ही मानता है। इस प्रकार के परीक्षण अर्थात् नवीन शोध सन्देहास्पद धारणा के सम्बन्ध में निर्भ्रान्त तथ्य के प्रकाशन तथा परिकल्पनात्मक समाधानों को यथार्थ निष्कर्ष प्रदानीकरणार्थ किए जाते हैं। जब शैक्षिक गतिविधियों को सुनियोजित प्रयास द्वारा संबलित करने के लिए इस आनुसन्धानिक प्रक्रिया को अपनाया जाता है तब इसे शैक्षिक-शोध कहा जाता है। इसे समग्र दृष्टि के विकास हेतु परमावश्यक कार्य माना जाता है।

इसका सदुपयोग वैज्ञानिक शोध-क्रिया द्वारा बच्चों के जीवन को समझने और उन्हें निश्चित उद्देश्य की प्राप्ति के लिए अभिप्रेरित करने के लिए किया जा सकता है। इसके द्वारा शिक्षण में आनेवाली कठिनाइयों का निदान कर समाधान के स्थायी

1. सीताराम चतुर्वेदी (संवत् 2019) : कालिदास ग्रन्थावली: भारत प्रकाशन मन्दिर, अलीगढ़, पृ. 262

और तात्कालिक समाधान प्रस्तुत किए जाते हैं। मनोवैज्ञानिक अनुसन्धाताओं द्वारा वयोगत तथा परिवेशगत सामान्य विशेषताओं, वैयक्तिक प्रवृत्तियों का अध्ययन कर शैक्षिक प्रविधियों को परिमार्जित कर शिक्षण कार्य को समीचीन, सरल तथा उपादेय बनाया जाता है जिससे गुणात्मक तथा परिमाणात्मक उभयविध परिणाम प्राप्त किया जाना सम्भव हो सके।

परिवर्तन एक अवश्यम्भावी तथ्य है। इसे जब हम निश्चित उद्देश्य की प्राप्ति के लिए सुनियोजित विधि एवं प्रक्रिया के माध्यम से सम्पन्न करते हैं तो यह 'प्रगति' के अभिधान से अभिहित होता है। उत्तर-आधुनिक समाज उत्तरोत्तर जटिल होता जा रहा है। सन्देह एवं स्वीकृति के समानाधिकरण्य के कारण किसी भी मत को सद्यः सत्य अथवा ऐकान्तिक रूप से असत्य नहीं कहा जा सकता है। काव्य प्रकाशकार मम्मट जिनका समय सामान्यतः ग्यारहवीं शताब्दी का मध्य माना जाता है ने भी इसे व्यक्त करते हुए लिखा है—

नियतिकृतनियमरहितां ह्लादैकमयीमनन्यपरतंत्राम्
नवरसरुचिरां निर्मितिमादधती भारती कवेर्जयति।।

(काव्यप्रकाश 1/1)[1]

तात्पर्य यह है कि वे रचनाएँ ही कालजयी होती हैं जो नियम की सीमा से परे जाकर लोकरंजन-समर्थ-सिद्धान्तों का मंडन करती हैं। निर्धारित लक्ष्य की प्राप्ति की महत्ता होती है। स्थापित नियमों, तकनीकों तथा प्रक्रियाओं का मंथन विविध प्रकार के विशेषज्ञों द्वारा करके उपादेय समाधानों का प्रस्तुतीकरण ही पथप्रदर्शक मनीषी का लक्ष्य होता है। शोधार्थी स्थापित नियमों के प्रति निरपेक्ष होते हैं अर्थात् उन्हें स्वीकारने या पुरातन कहकर अस्वीकारने का कार्य नहीं करते हैं; अपितु सार-सार को गहि रहे, थोथा देय उड़ाय' की प्रवृत्ति का वरण करते हैं। उपर्युक्त वर्णन ट्रांसडिसिप्लिनरी अर्थात् परानुशासनिक आनुसन्धानिक प्रवृत्ति को महत्त्व देता है।

वस्तुतः बच्चा ही किसी भी समाज का भविष्य होता है। अतएव उसे विकसित होने का अवसर मिलना ही चाहिए फिर चाहे वह अत्याधुनिक सुविधाओं से युक्त परिवेश से सम्बन्धित हो या नितान्त पिछड़े समुदाय का अंग हो। वह बालमनोविज्ञान से परिचित तथा तत्समर्थित व्यवहारों के प्रति संवेदनशील कुटुम्ब में पालित और पोषित हो रहा हो अथवा विघटित प्रतिवेश एवं विश्रृंखलित परिवार द्वारा येन-केन प्रकारेण जीवनयापन करनेवाले अभिभावकों के मध्य पल और बढ़ रहा हो। प्रत्येक स्थिति में बच्चे को समुचित वातावरण तथा शिक्षा मिलनी चाहिए। वर्णित दोनों ही प्रकार के बच्चे सामान्य से इतर विशेष प्रकार के कहे जाएँगे। इन्हें विशेष कक्षाओं

1. डॉ. श्रीनिवास शास्त्री (2001) : मम्मटाचार्य विरचित काव्यप्रकाश : साहित्य भंडार, मेरठ, पृ. 1

और व्यवहारों की आवश्यकता होगी। अपेक्षानुसार सुविधाओं को उपलब्ध कराने पर ही प्रत्युत्पन्नमति, औसत, आधिगमिक दृष्टि से दुर्बल आदि श्रेणी के बच्चों की अन्तर्निहित क्षमताओं का यथेष्ट रूप से विकसित होना तथा तत्प्रसूत दृढ़व्यक्तित्व के निर्माण को सम्पन्न किया जाना सम्भव होगा। इसके लिए आवश्यक है कि—

- प्रत्येक बच्चे की रुचि को जाना जाए।
- बच्चे की रुचि सन्दर्भित विषयों तथा विधाओं को दृष्टिगत करते हुए विशेष कक्षाओं का संचालन किया जाए।

साम्प्रतिक उत्तर-आधुनिक वैश्विक समाज में परम्परापोषण के प्रति आग्रही विचारधारा तथा आधुनिक विकासशील जीवन्त प्राणधारा के मध्य स्वीकरण विषयक द्वन्द्व परिलक्षित हो रहा है। ऐसी स्थिति में अधिकांश विचारक चैतन्यसमन्वित समग्र दृष्टि को उपयुक्त मानते हैं। इस समग्र चैतन्यवादी प्रवृत्ति को विकसित करना तथा बच्चों में निर्भ्रान्त निर्णयात्मिका शक्तिसम्पन्न संस्कार का आधान करना किसी एक शिक्षण पद्धति अथवा विषय मर्मज्ञ के सामर्थ्य से परे की बात है। इसके लिए ट्रांसडिसिप्लिनरी शोधों की आवश्यकता है। सर्वप्रथम बालमनोविज्ञान को आधृत कर इन अनुसन्धानों के आलोक में पाठ्यसामग्री विकसित की जानी चाहिए; फिर उसे बच्चों तक पहुँचाने के लिए प्रशिक्षित शिक्षकों को दायित्व दिया जाना चाहिए।

भारतीय समाज ग्राम्य समुदाय से लेकर महानगरीय समाज तक विविधता में एकता का जीवन्त निदर्शन है। यद्यपि समय के साथ सर्वत्र सभी समाजों में परिवर्तन दृष्टिगत हो रहा है तथापि परम्परागत सांस्कृतिक चेतना भी न्यूनाधिक रूप में स्पष्टत: परिलक्षित हो रही है। यह चेतनता प्रत्येक स्थिति में पूर्ववर्ती सत्त्व से अनुस्यूत आत्मनिर्गत अनन्त सम्भावनाओं को लेकर बढ़ती हुई ही दृष्टिगोचर हो रही है।

वर्णित परिस्थिति में विविध पन्थों तथा परम्पराओं से पोषित भारतीय सामाजिक जीवन में भी स्थापित मानकों से परे जाकर उद्देश्यपरक शिक्षण व्यवस्था को समीचीन माना जाना उचित होगा। पृथक्-पृथक् पद्धतियों में निष्णात विशेषज्ञों द्वारा नित-नवीन शोधों से पाथेय प्राप्त कर शक्ति समवेत उद्देश्यपरक शिक्षण दिए जाने हेतु परम्परागत या आधुनिकतम विधियों तक सीमित न होकर उसे यथावश्यक संशोधन तथा परिवर्धन के साथ अपनाना उचित कहा जाएगा। इसे ही सम्प्रति सूक्ष्मभेद से पार-अनुशासनिक (क्रॉस डिसिप्लिनरी) तथा परा-अनुशासनिक (ट्रांसडिसिप्लिनरी) एप्रोच के पारिभाषिक अभिधान से अभिहित किया जा रहा है। इस नितान्त उद्देश्यपरक ट्रांसडिसिप्लिनरी विधा का उपयोग जितना वर्णन में अच्छा है, उतना ही अनुपालन में क्लिष्ट है। यह तभी सम्भव है जब विविध विशेषज्ञ एक-दूसरे से प्रभावित होते हुए अपने परामर्शों एवं कार्यों में परिमार्जन करने के लिए तत्पर हों। सहयोगात्मक तथा समन्वयात्मक भावों को प्रदर्शित करते हुए सामूहिक रूप से 'हम' की भावना से कार्य-निष्पादन में सन्नद्ध हों। पूर्वग्रह से रहित होकर औपचारिक शिक्षा से दूर;

किन्तु लोकशिक्षा में प्रवीण लोगों के ज्ञान को भी आदर के साथ स्वीकारें; क्योंकि इसी से विस्तृत औपचारिक शिक्षण पद्धति तथा क्षेत्रीय अनौपचारिक परम्परागत ज्ञान एवं शैक्षिक विधा समवेत होकर बच्चों के अवबोध को सारल्येन विकसित करने में समर्थ हो सकेगी। ज्ञातव्य है कि क्षेत्रीय तथा व्यावसायिक जातीय परम्पराएँ भी ज्ञान का स्रोत होती हैं। उदाहरणार्थ यक्षगान (तेलंगाना क्षेत्र), बिरहा (पूर्वी उत्तर प्रदेश), विदेशिया नृत्यपरम्परा (बिहार), आल्हा गायन (बुन्देलखंड) आदि क्षेत्र विशेष में प्रचलित मनोरंजनात्मक प्रथाएँ हैं। जब हम इसके मनोरंजक पक्ष से हटकर सूक्ष्म-वीक्षण करते हैं तो सद्यः स्पष्ट हो जाता है कि ये शिक्षण की परम्परागत विधाएँ हैं जो समाजीकरण की वास्तविक साधिकाएँ हैं। इन परम्पराओं के द्वारा व्यक्ति अपने अतीत के गौरव और शौर्य से परिचित होता है। वह तदनुसार आचरण करने के भाव से सराबोर हो जाता है। इसी प्रकार, लकड़ी, लोहा, मिट्टी, सोना आदि जड़ पदार्थों का रूप परिवर्तन कर निर्माण करने तथा इसे व्यावसायिक वृत्ति के रूप में अपनाकर जीवनयापन करने की परम्परा भारतीय समाज में पाई जाती है। कृषि तथा पशुपालन आदि का कार्य परम्परागत वृत्ति है जिसे आधुनिक शोधों ने समृद्ध किया है। इन कार्यों को करनेवालों के साथ रहने वाले बच्चे परम्परागत रूप से इन कार्यों को सम्पन्न करने की सूक्ष्मता तथा कौशल को उसी प्रकार से समझ लेते हैं जिस प्रकार चिड़िया का बच्चा उड़ना सीख लेता है। यहाँ इन तथ्यों का उल्लेख करना इसलिए प्रासंगिक है; क्योंकि बच्चों को परिवेशीय ज्ञान देने पर बल दिया जाना उनके व्यक्तित्व को पूर्णता प्रदान करने की दृष्टि से उपयुक्त माना जाता है।

बच्चों की रुचि तथा मानसिक स्तर को ध्यान में रखते हुए शिक्षकों तथा अभिभावकों को उनके साथ व्यवहार करने के लिए अभिप्रेरित करना चाहिए। अभिभावकों, समुदाय के मान्य व्यक्तियों, विविध विषयों के शिक्षकों तथा स्वास्थ्य और पोषण ज्ञान के विशेषज्ञों द्वारा समय-समय पर विद्यालय में शिक्षण कार्य कराए जाने पर बच्चों में एक विशेष प्रकार के शक्ति समवेत चैतन्य का प्रस्फुटन, पल्लवन तथा विकसन होगा जो अन्ततोगत्वा उनके व्यक्तित्व को सुदृढ़ करेगा।

यह निर्विवाद सत्य है कि विद्यालय बच्चों के सम्पूर्ण विकास का अवसर उपलब्ध कराते हैं; फलतः उनको विद्यालय से सम्बद्ध कराना नितान्त आवश्यक हो जाता है। बच्चे विद्यालय में सहजता का अनुभव करते हैं तो बहुत तीव्र गति से उसके प्रति आकर्षित हो जाते हैं। इसके विपरीत असहजता की स्थिति में विद्यालय से अनुपस्थित रहने तथा उपस्थिति की स्थिति में अन्यमनस्क रहने की प्रवृत्ति को दर्शाते हैं। वे अपने सहपाठियों तथा कभी-कभी शिक्षकों के साथ उद्दंडतापूर्ण व्यवहार करते हैं। वर्णित परिस्थिति में समाजकार्य तथा मनोविज्ञान के विशेषज्ञों द्वारा अन्तरनुशासनिक (इंटरडिसिप्लिनरी) शैली में कृत शोधात्मक समाधान निश्चित रूप से लाभकारी होगा।

निष्कर्ष रूप में कहा जा सकता है कि विद्यालयीय शिक्षा में वयोनुरूप पाठ्यक्रम के निर्धारण, क्षेत्रीय तथा जातीय वंश परम्परागत ज्ञान के सदुपयोग, सामुदायिक संगठन, शारीरिक तथा मानसिक स्वास्थ्यवर्धन और एतदर्थ अभिभावकों एवं शिक्षकों के अभिप्रेरण के लिए शैक्षिक शोध अत्यन्त महत्त्वपूर्ण होते हैं। प्राथमिक विद्यालयों के बच्चों की आयु, मानसिक मन्दता तथा मध्याह्न भोजन-कार्यक्रम को दृष्टिगत करते हुए परानुशासनिक (ट्रांसडिसिप्लिनरी) शोध-पद्धति की महत्ता भी निर्भ्रान्त सिद्ध होती है।

सन्दर्भ ग्रंथ

1. WILLIAM J. GOODE and PAUL K. HATT (1952) : *Methods in Social Research* : McGraw Hill Book Company Limted.
2. Stephen M.Carey (1953) : *Action Research to improve school practices,* New York : Bureau of publications, teachers college, Columbia University.
3. सीताराम चतुर्वेदी (संवत् 2019) : *कालिदास ग्रंथावली* : भारत प्रकाशन मन्दिर, अलीगढ़
4. डॉ. श्रीनिवासशास्त्री (2001) : मम्मटाचार्य विरचित *काव्यप्रकाश* : साहित्य भंडार, मेरठ

हिन्दी-अंग्रेजी पर्याय

अधिगम क्षमता	-	Learning capacity
अन्तर्निहित	-	Inherent
अन्तःस्रावी ग्रंथियाँ	-	Endcrine glands
अनुकूलन	-	Adaptation
अनुकूलन की क्षमता	-	Adaptalility
अनूठा	-	Unique
अन्योन्यक्रिया	-	Interaction
अपरिपक्वता	-	Immaturity
अभिज्ञ	-	Acquainted
अभिप्रेरित	-	Motivated
अभिलेखीकरण	-	Recording
अभिव्यक्त	-	Expressed
अनवधानता	-	Attention deficit
तथा		and
अतिसक्रियता विकार	-	hyperactivity disorder
अवसाद	-	Depression
आच्छादन	-	Overlaping
आत्मरति	-	Auto erotic
आत्ममूल्यांकन	-	Self appraisal
आत्मबोधन परीक्षण	-	Thematic Apperception Test
आत्मीय सम्बन्ध	-	Rapport
आनुवंशिकता	-	Heredity
आभिजात्यवर्ग	-	Elite class

आभिजात्यवर्ग मनोवृत्ति	-	Elite class mentality
आयुसंगत	-	Age appropriate
आविर्भूत होना	-	To emerge
उत्तमस्व/परम-अहम्	-	Super ego
उत्कंठा	-	Eagerness
उद्दीपक	-	Stimulus/Stimuli
एकाकीपन	-	Isolation
कामशक्ति	-	Libido
कामुकवृत्ति	-	Erotic
कुंठा	-	Frustration
क्लान्तता	-	Tiredness
घटक	-	Component
चंचल चित्तवृत्ति	-	Fickle mind
चाटूक्ति	-	Flattery /Flattering words
गतिप्रदायक अंग/गतिवाही अंग	-	Motor organs
तर्कसंगत	-	Logical
तिमिराच्छन्न	-	Darkened
तिरोहित कामावस्था	-	Latency Period
ध्वनि समुच्चय	-	Aggregation of sounds
नगण्य	-	Negligible
निष्णात	-	Efficient
परस्पराश्रितता	-	Interdependence
परिमार्जन	-	Rectification
परिशोधन	-	Modification
परिकल्पनात्मक	-	Hypothetical
पश्चगमन	-	Retrogression
पितृमनोग्रंथि	-	Electra complex
प्रजननकामावस्था	-	Oedipal period
प्रतिरक्षात्मक	-	Defensive
प्रतिक्रिया निर्माण	-	Reaction Formation
प्रतिगमन	-	Regression
प्रतिपुष्टि	-	Feedback
प्रविधि	-	Techniqe
बधियाकरण की दुश्चिन्ता	-	Castration anxiety

बुद्धिलब्धि - Intelligence quotient
बुभुक्षा - Appetite
मनोदैहिक - Psychosomatic
मनोमन्दता - Mental retardation
मनोविश्लेषणात्मक - Psychoanalytical
मनस्सामाजिक/मन:सामाजिक - Psychosocial
मनस्तापी - Psychoneurosis
मनोमन्दता - Mantal retardation
मातृमनोग्रंथि - Oedipul complex
मानसिक समर्थन - Psychological support
रेवेन का रंगीन प्रोग्रेसिव मैट्रिस - Raven's coloured progresive matrices
ललक - Craving
लेखनविकार - Dysgraphia
लोकनीतियाँ - Morals
लोकरीतियाँ - Folkways
वंचन - Deprivation
वाक् विकार/वाग्विकार - Dyslexia
वंचित - Deprived
विचलन - Deviation
वितृष्णा - Distaste
विविक्तता - Isolation
विशृंखलन - Disorganization
विधि - Method
वैयक्तिक सेवाकार्य - Casework
विचार का चक्रीयपथ - Circular pattern of thinking
सर्वांगीण विकास - Allround development
समाजीकरण - Socialization
सहजीवी - Symbiotic
सहजीविता - Symbiosis
सुसंस्कृत - Cultured
श्रान्तता/क्लान्तता - Tiredness
सूक्ष्म-वीक्षण - Minute observation
सेवार्थी - Client

समीचीनीकरण	-	Rationalization
स्वत:स्फूर्त	-	Spontaneous
सामुदायिक संगठन	-	Community organization
शीलगुण	-	Traits

गतिवाही अंगों के परिप्रेक्ष्य में प्रयुक्त शब्दावली

अवक्रियता	-	Hypoactivity
सक्रियता	-	Hyperactivity
गतिभंग	-	Ataxia
पेशीस्फुरित ऐंठन	-	Convulsions
चेष्टा अक्षमता	-	Apraxia
स्पन्दन/झटके	-	Tremors